旅游目的地文化营销对品牌资产、地方依恋以及游客忠诚度的影响

陈艳艳◎著

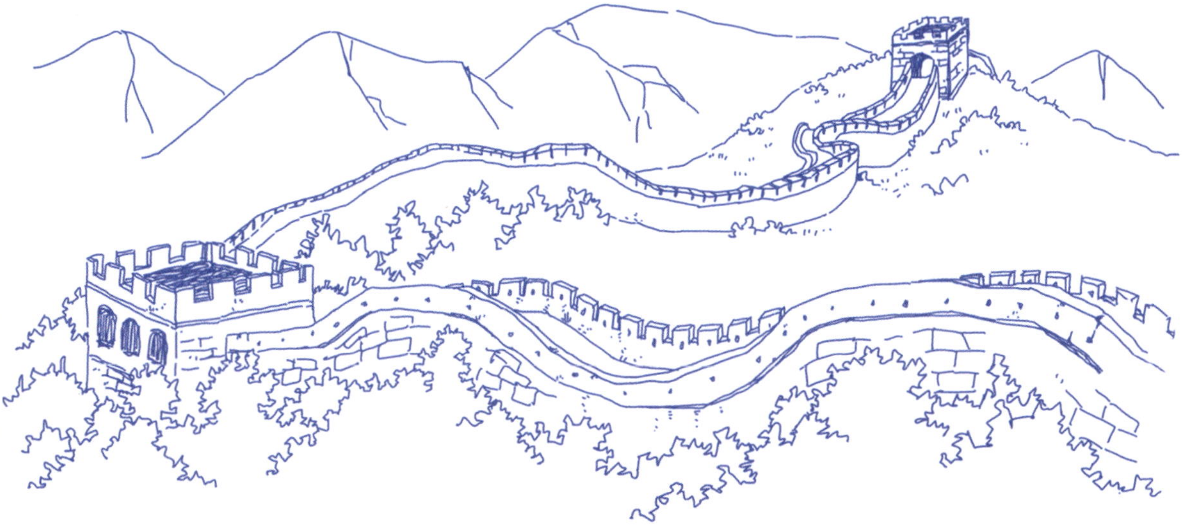

中国旅游出版社

前言

文旅融合战略为提高国家文化软实力和中华文化影响力添加了新引擎。越来越多的地方政府将文化旅游作为战略性支柱产业和产业转型升级的主攻方向，这在一定程度上促进了旅游产业的转型升级，助力延长了旅游产业链。与此同时，文旅产业也从以景区为主转向以旅游目的地的建设为主，旅游消费者也从景点游向全域旅游转变，并呈现出高品质、个性化、多元化的旅游出行需求。旅游目的地的竞争已从过去单纯旅游资源和产品的竞争升级到品牌竞争。可以说，旅游目的地品牌的优劣成为旅游消费者选择旅游目的地的重要指标，在提高地区竞争力方面发挥着独特的作用。因此，在如今旅游目的地客源市场日益激烈的竞争环境下，如何利用文化营销构建提升旅游目的地品牌资产价值，提高游客忠诚度，进而推进旅游目的地高质量发展成为各地政府与旅游相关部门需要思考的重要课题之一。

然而，笔者关注到国内外关于旅游目的地文化营销、品牌资产的相关研究零散而复杂，多集中在概念、维度及理论框架等方面的探讨上，深度和研究领域侧重点各有不同，都具有较强的实用性，为旅游目的地品牌资产模型的构建以及前因变量发掘提供了重要参考，但尚未达成一定的共识，仍存在一些不足与可进一步拓展的方向：现有文献多聚焦于旅游目的地品牌资产各个维度之间内在相关关系探讨，鲜有学者研究旅游目的地品牌资产的直接和间接驱动因素，对于旅游目的地品牌资产的前因变量以及影响机制探索不足，有必要拓展旅游目的地品牌资产的外部影响因素及机制分析。除此之外，现阶段国内外旅游目的地文化营销、品牌资产、地方依恋的相关研究进展如何？旅游目的地文化营销影响游客忠诚度的作用机制如何？如何将文旅资源转换成为旅游目的地品牌资产？这些问题都是在新业态环境下需要重点探讨的内容。

基于此，本书结合前人研究成果引入地方依恋构建影响机制模型，探讨旅游目的地文化营销、品牌资产、地方依恋以及游客忠诚度的影响机理关系，检验旅游目的地品牌资产在文化营销与游客忠诚度的中介效应，以期拓展游客视角下旅游目的地文化营销与品牌资产研究的新议题，深入探讨如何通过文化营销策略向游客传达当地特色的文化价值，帮助旅游目的地更有针对性地确立竞争定位、核心竞争力以及品牌文化。除此之外，考虑到旅游目的地文化营销存在区域差异，游客视角的旅游目的地品牌资产认知也存在一定差异。本研究就北京与首尔的文化营销进行了比较，并分析国家间旅游目的地文化营销对品牌资产的影响差异。

本书在具体内容安排上共分为八章：第一章绪论，主要介绍了本研究的研究背景、研究目标、研究内容以及研究的方法。第二章理论基础，梳理了旅游目的地文化营销、品牌资产、地方依恋以及游客忠诚度的相关文献。第三章文献述评，总结了旅游目的地文化营销、品牌资产、地方依恋以及游客忠诚度的国内外研究进展。第四章研究模型与假设，以前期研究成果为基础，设计了符合本研究目的的研究模型和研究假设。第五章研究设计，界定了各变量的定义、样本选取方法以及调查问卷的内容。第六章实证分析，分析了样本的人口统计学特性、问卷的可行性和可靠性以及对各项假设的验证。第七章研究结论，结合实证分析的研究结果，提出了本研究的启示与局限以及未来的研究方向。第八章专题研究，以河南省为研究对象，分析了黄河流域河南段的文化营销以及品牌资产现状。

本书研究的主体是以访韩中国游客和访中韩国游客为研究对象，于 2018 年 9 月 20 日至 10 月 19 日进行了为期约一个月的问卷调查。最终选取 555 份有效样本作为分析对象，通过 SPSS 25.0 软件进行人口统计学分析、信赖度分析、因子分析、比较分析等。研究结果如下：第一，旅游目的地文化营销对品牌资产有部分显著的影响。具体而言，旅游目的地文化营销中文化演绎对品牌资产的三个维度（品牌知名度、品牌形象、感知质量）都有显著的正向影响，这表明文化演绎在对品牌资产的提升上有着至关重要的作用。文化光环对品牌形象有显著的正向影响，文化支持对感知质量有显著的正向影响。第二，旅游目的地品牌资产对地方依恋有着显著的正向影响。第三，旅游目的地品牌资产对游客忠诚度有着显著的正向影响。第四，地方依恋对游客忠诚度有着显著的正向影响。第五，旅游目的地文化营销对游客忠诚度有着部分显著的影响，其中，旅游目的地文化营销中的文化演绎对游客忠诚度有着显著的正向影响，文化促销、文化支持、文化光环这三个维度均未对游客忠诚度产生显著影响，由此可以看出，文化演绎是提升游客忠诚度非常重要的因素。第六，在旅游目的地文化营销与游客忠诚度之间的关系中，对旅游目的地品牌资产的中介效应进行了检验，结果发现，旅游目的地品牌资产在文化演绎与游客忠诚度之间存在中介效应。第七，旅游目的地文化营销与品牌资产之间的影响关系显示国家间存在一定的差异。以中韩首都为研究对象发现：文化支持、文化演绎、文化光环对品牌知名度的影响关系有着显著的国家间差异，而文化促销并没有差异。另外，文化促销、文化演绎对品牌形象的影响关系有着明显的国家间差异，而文化支持与文化光环并没有产生差异；文化支持、文化演绎对感知质量有着显著的国家间差异，而文化促销与文化光环并没有国家间差异。进而总结两地文化营销的发展模式，比较两地文化营销的发展情况，分析国外发展经验的现实启示。

基于研究结果，本书提出打造独特旅游目的地品牌资产以及提升游客忠诚度的具体路径，并为旅游目的地文化旅游政策的制定以及文化营销策略的施行提供一定的实践指导。第一，文化演绎可以看作提升旅游目的地品牌资产的重要手段，由此可见，需要赋予旅游目的地文化元素，让游客切实感受到该旅游地独特的个性，并且当地商品和服务也需要制定创意策略，让旅游目的地的文化氛围得以充分体现。第二，旅游目的地文化营销与品牌资产的影响关系在国家间存在差异，有必要在结合当地文化特色的基础上充分借鉴他国文化营销发展成功经验，探索出适合案例地的文化营销策略。第三，旅游目的地文化营销对品牌资产有显著影响，旅游目的地品牌资产对地方依恋、游客忠诚度有显著的正向影响。

对此，旅游目的地在进行文化营销时，应依托当地文化载体和文化内涵发展特色鲜明的产业形态，用文化向旅游赋能，在城市建设和旅游接待活动中融入文化元素，赋予旅游目的地标志性建筑独特的文化魅力和感染力。同时，在旅游商品中注入本土文化，提升旅游的文化底蕴和品质内涵，打造突出地方文化独特性与标志性又具亲和力与吸引力的旅游品牌资产，形成鲜明的地方性特征，从而影响旅游者对旅游目的地的地方依恋感，提升游客忠诚度。

目 录

CONTENTS

第一章 绪 论 …… 1

第一节 研究背景与研究目标 …… 3

第二节 研究内容与方法 …… 9

第二章 理论基础 …… 13

第一节 旅游目的地文化营销 …… 15

第二节 旅游目的地品牌资产 …… 31

第三节 地方依恋 …… 47

第四节 游客忠诚度 …… 52

第三章 文献述评 …… 55

第一节 旅游目的地文化营销的国内外研究进展 …… 57

第二节 旅游目的地品牌资产的国内外研究进展 …… 60

第三节 地方依恋的国内外研究进展 …… 63

第四节 游客忠诚度的国内外研究进展 …… 67

第四章 研究模型与假设 …… 69

第一节 研究模型 …… 71

第二节 研究假设 …… 72

第五章　研究设计……79
第一节　各变量概念的界定……81
第二节　调查问卷的设计与构成……83
第三节　调查对象与数据来源……85

第六章　实证分析……87
第一节　研究对象样本特征……89
第二节　因子分析及信赖度检验……93
第三节　研究假设的验证……98
第四节　验证结果……109

第七章　研究结论……113
第一节　研究结果解释……115
第二节　研究启示……117
第三节　研究的局限性及未来研究方向……121

第八章　专题研究……125
第一节　地格理论视角下的旅游目的地品牌塑造研究
——以“行走河南·读懂中国”为例……127
第二节　黄河流域旅游目的地文化营销路径研究
——以河南段为例……145

调查问卷……163

参考文献……169

后　记……191

第一章
绪 论

第一节 研究背景与研究目标

一、研究背景

21 世纪是信息时代，也是文化的时代。随着全球化进程的加速和信息技术的普及，文化的力量在社会经济发展中日益凸显。从国家到地区，从企业到个人，竞争力的模式已经从过去的物质与技术转变为感性文化的力量。文化与社会经济的相互交融，不仅改变了人们的生活方式和消费观念，也深刻影响着市场竞争的格局和规律（Won YungHui，2007）。与此同时，消费者越来越倾向于选择能够满足他们审美和感性需求的产品和服务，而不仅仅关注功能和品质。这种消费者需求结构的升级使得企业市场营销战略的重心转向了如何通过文化来触动消费者的情感、文化和个性层面上的需求。因此，文化营销作为一种新兴的营销手段应运而生，成为企业竞争的重要策略之一。通过一系列的文化营销活动，企业能够刺激消费者的感性，从而提升企业形象和知名度，实现品牌的差异化。这种文化营销不仅仅是产品或服务的销售，更是在传递一种文化精神、价值观和生活方式。企业通过与消费者共享文化体验，建立起情感联系和共鸣，从而赢得消费者的信任和忠诚（Noh JeongHee & Jang HanByeol，2011）。因此，随着文化在市场竞争中的地位和作用日益凸显，企业将越来越重视文化营销的重要性。只有通过文化的传播和共享，企业才能真正赢得消费者的心，实现长期的可持续发展。文化营销不仅是一种营销手段，更是企业赢得市场竞争的重要策略和资源。

旅游行业的本质特征在于其文化性，而文化旅游已成为现代旅游的重要内容。因此，文化营销在旅游品牌塑造中的应用愈发重要。通过利用旅游地的文化内涵来塑造旅游目的地的形象，进而打造旅游目的地的品牌，已成为旅游营销的新策略。首先，文化营销对于旅游目的地的品牌塑造至关重要。旅游目的地的独特文化资源和历史底蕴是吸引游客的关键因素之一。通过巧妙地将目的地的文化特色融入营销活动中，可以提升目的地的知名度和吸引力。例如，通过举办文化节庆、推广当地传统手工艺品或美食，可以让游客更深入地体验和认知目的地的文化，从而形成对目的地的品牌认知和忠诚度。其次，文旅融合已成为我国旅游业发展的重要战略思维。将文化与旅游相结合，不仅可以提升旅游产品的文化内涵，还能够推动当地文化产业的发展，增强地区的文化软实力和影响力。越来越多的地方政府将文化旅游作为战略性支柱产业和产业转型升级的主攻方向，这促进了旅游产业的转型升级，推动了旅游目的地的品牌建设和提升。此外，随着旅游消费者需求的升级和变化，旅游目的地的竞争已不再局限于旅游资源和产品的竞争，而是转向品牌竞争。旅游者越来越注重旅游目的地的品牌形象和服务品质，旅游目的地的品牌优劣成为选择旅游目的地的重要指标之一。因此，建立具有吸引力和竞争力的旅游目的地品牌，对于提升地区的竞争力和吸引力至关重要。

文化营销已经成为塑造旅游目的地品牌和提升地区竞争力的不可或缺的重要手段。通过将文化与旅游相融合，可以实现旅游产业的转型升级，满足消费者多样化、个性化的旅游需求，进而推动地区经济的发展和社会文化的繁荣。许多国内外旅游目的地都凭借其独特的品牌形象在海外声名远扬，利用文化营销推动旅游品牌发展。以新加坡为例，该国利用其独特的环境特点，精心培育绿地和花草，逐渐打造出了世界级的“花园城市”形象。这种独特的目的地文化风格吸引了大量的游客前往体验，成为新加坡旅游业的一大特色。通过文化营销，新加坡成功地将其独特的文化特色与旅游业相结合，打造了一个具有强大吸引力的旅游品牌，为当地经济的发展和社会文化的繁荣做出了积极贡献。类似地，新西兰通过“100% Pure New Zealand”（纯净的新西兰）的品牌形象，将其纯净自然的国家形象深入人心，成为全球旅游者向往的目的地之一。泰国依托丰富的自然与文化旅游资源，成功打造了“Land of Smiles”（微笑之地）品牌，让游客感受到泰国的热情友善，成为世界上最受欢迎的旅游目的地之一。伦敦则以“世界卓越的创意和文化中心”的定位，凭借世界一流的文化资源和机构，成为全球文化艺术之都，对文化、金融、教育、旅游和交通等方面领域具有显著的影响。以上国外案例充分展示了文化营销在旅游目的地品牌塑造中的成功应用。我国山东把深厚的齐鲁文化与特有的旅游资源进行整合，将“好客文化”作为旅游形象定位，推出了“好客山东”文化旅游品牌，展现了山东人的热情好客与淳朴厚道，成功吸引了众多游客。河南作为中原文化的核心区域，拥有郑州、开封、洛阳、安阳四大古都，龙门石窟、丝绸之路河南段等世界文化遗产以及黄河文化、功夫文化、根亲文化等文化资源，立足自身的特色和优势，推出“老家河南”这一文旅品牌，提升了河南的知名度与美誉度。

这些目的地品牌将本土文化要素提炼出来融入品牌形象中，高度诠释了目的地的自然与人文内涵，成功吸引了国内外旅游者，成为目的地品牌营销的典范地区，推动了目的地文旅产业的融合发展。因此，深入挖掘和开发旅游目的地的文化特征与内涵，与其他目的地形成差异化的文化魅力是旅游目的地品牌营销的重要手段（Yan WenYan et al.，2017）。在如今旅游目的地客源市场日益激烈的竞争环境下，如何利用文化营销构建提升旅游目的地品牌资产，提高游客忠诚度，进而推进旅游目的地高质量发展成为政府与旅游相关部门需要思考的重要课题之一。

尽管文化营销在旅游目的地品牌发展的重要性毋庸置疑，但国内外关于旅游目的地文化营销、品牌资产的相关研究零散而复杂，我国对文化营销的研究多集中于分析企业文化营销的现状和存在的问题（田冬炜，2013；常超，2015），在旅游领域的研究多是分析文化营销对旅游品牌塑造的作用以及文化营销策略（高文香，2013），对旅游目的地文化营销的维度研究以及对品牌资产影响的实证分析尚少涉及，研究内容主要局限在文献梳理基础上的对策研究，研究方法较为单一，多层次、多角度开展旅游目的地文化营销的研究较少。国外对文化营销的研究主要集中在咖啡店（Noh JeongHee & Jang HanByeol，2011）、一般企业（Baek SeonYeong，2016；Lee BongHoon & Lee GyuBong，2017）、餐饮企业（Lee JihYun & Lee SooBum，2015）、航空公司（Kwon Jaeil，2014）、旅行社（Kwak ChulWoo.，2013）、酒店（An，SoYoung & Han JinSoo，2014；Wang DoYeul，2018）等方面，尤其是韩国学者，对文化营销及品牌资产的概念、维度等方面的研究成果较为丰硕，为旅游目的地文化营销的研究提供了重要参考，但尚未达成一定的共识，仍存在一些不足与可进一步拓展的方向：现有文献多聚焦于旅游目的地品牌资产各个维度之间内在相关关系探讨，鲜有学者研究旅游目的地品牌资产的直接和间接驱动因素，对于旅游目的地品牌资产的前因变量以及影响机制探索不足，有必要拓展旅游目的地品牌资产的外部影响因素及机制分析。除此之外，现阶段我国旅游目的地文化营销、品牌资产现状如何？文化营销成效如何？旅游目的地文化营销影响游客忠诚度的作用机制如何？如何将文旅资源转换成为旅游目的地品牌资产？这些问题都是在新业态环境下需要重点探讨的内容。

基于此，本研究结合前人研究成果引入地方依恋构建影响机制模型，旨在探讨旅游目的地文化营销、品牌资产、地方游客忠诚度的影响机理关系，检验旅游目的地品牌资产在文化营销与游客忠诚度的中介效应，以期拓展游客视角下旅游目的地文化营销与品牌资产研究的新议题，深入探讨如何通过文化营销策略向游客传达当地特色的文化价值，帮助旅游目的地更有针对性地确立竞争定位、核心竞争力以及品牌文化。

考虑到旅游目的地文化营销存在区域差异以及游客视角的旅游目的地品牌资产认知也存在一定差异，本研究特别对北京与首尔的文化营销进行了比较分析，并探讨了国家间旅游目的地文化营销对品牌资产的影响差异。通过这样的比较研究，我们可以更好地理解不同地区文化营销策略的实践效果，为未来制定更有效的营销策略提供参考。除了理论分析，本研究还以河南为案例地进行了专题研究，以便读者更好地理解文化营销与品牌塑造的实践。通过深入探讨河南旅游目的地的文化营销策略与实践效果，我们可以从实践角度更深入地理解文化营销对旅游目的地品牌塑造的影响，为旅游业的发展提供有益启示。

二、研究目的与意义

（一）研究目的

本研究旨在研究旅游者感知的旅游目的地文化营销与品牌资产、地方依恋以及游客忠诚度的影响关系，检验旅游目的地品牌资产在文化营销与游客忠诚度影响关系中的中介效应。除此之外，本研究认为不同国家间存在着不同的文化、价值观念、生活方式等方面的差异，旅游者对旅游目的地的文化营销感知也存在一定程度上的差异。因此，本文也就中韩两国文化营销对旅游目的地品牌资产的影响关系进行比较分析，以此提出文化营销在旅游目的地的重要作用，以期在理论上弥补现有旅游目的地管理研究中关于旅游目的地文化营销与品牌资产的研究不足，并在实践中为旅游目的地探究文化营销路径、提升品牌资产，进而提高游客忠诚度提供有益参考。具体目标如下：

（1）梳理和整理旅游目的地文化营销、品牌资产、地方依恋以及游客忠诚度变量的相关文献，界定各变量的概念和构成维度。

（2）实证分析旅游者感知的旅游目的地文化营销、品牌资产、地方依恋以及游客忠诚度的影响关系，了解这些变量之间的相互作用和影响程度，为旅游目的地的品牌营销策略提供科学依据。

（3）研究旅游者感知的旅游目的地文化营销对游客忠诚度影响关系中品牌资产的中介效果，通过分析品牌资产在旅游目的地文化营销与游客忠诚度之间的中介作用，揭示旅游目的地文化营销对忠诚度的影响机制，为提升游客忠诚度提供策略建议。

（4）比较分析旅游目的地文化营销对品牌资产影响关系在不同国家间的差异。考察不同文化背景、市场环境和发展水平下，旅游目的地文化营销对品牌资产的影响程度和方式是否存在显著差异，以此为基础为不同国家和地区的旅游目的地制定个性化的品牌营销策略。

（5）在理论上弥补现有旅游目的地品牌营销中的研究不足，丰富和完善旅游目的地品牌营销理论体系，为学术界提供新的研究视角和思路。在实践上，通过为旅游目的地制定品牌营销策略提供一定的决策参考，促进旅游目的地的品牌建设和发展，实现可持续发展目标。

（二）研究意义

1. 理论意义

（1）丰富和完善旅游目的地营销理论体系。

本研究以旅游者的感知为出发点，从旅游目的地文化营销的新视角出发，致力于丰富和完善旅游目的地营销理论体系。在这一研究框架下，笔者着重关注旅游目的地品牌资产的形成过程以及影响因素。通过深入分析旅游者对目的地文化营销的感知和认知，可以更加全面地了解旅游目的地品牌化的过程，并揭示文化营销对此过程的影响机制。具体来看，一是本书将重点探讨旅游目的地文化营销对品牌资产的塑造作用。文化作为旅游业的重要组成部分，对旅游目的地的品牌形象和资产具有重要影响。通过挖掘和弘扬目的地的文化内涵，我们可以为旅游目的地创造独特的品牌形象，提升其在游客心中的地位和知名度。二是分析旅游目的地品牌化过程中的影响因素。这包括但不限于目的地的文化资源、地理位置、旅游设施、服务质量等因素。通过深入研究这些因素如何影响旅游目的地的品牌化过程，我们可以为目的地的营销策略提供科学依据和指导。三是探讨如何通过文化营销和管理来提升旅游目的地品牌的竞争力和吸引力。通过有效地传播目的地的文化特色和魅力，加强与游客的情感联系，我们可以为目的地打造更加具有吸引力的品牌形象，吸引更多游客前来体验和探索。综上，本书从旅游目的地文化营销这一新的视角研究旅游目的地品牌资产，分析旅游目的地品牌化过程及影响因素，为旅游目的地品牌文化营销和管理提供一定的理论支撑。

（2）建立旅游目的地品牌资产驱动模型。

当前的研究经常引用市场营销学科中的品牌资产理论，并尝试将其概念和维度应用于旅游目的地的背景中。然而，针对旅游目的地品牌资产的具体要素和构成维度，学术界还没有形成统一的看法。本项研究的进行，旨在为旅游目的地品牌资产的理论框架提供更加丰富的内容和维度。通过深入探讨和分析旅游目的地的独特性，本研究尝试定义和识别适用于旅游目的地的品牌资产构成要素。这样的研究不仅能够拓展旅游目的地品牌资产的理论基础，也为旅游目的地的品牌营销实践提供了新的视角和策略，有助于目的地管理者更有效地设计和实施品牌建设和推广活动。此外，本研究还强调了考虑旅游目的地的文化营销对品牌资产构建的影响，认为文化元素和旅游体验的独特性是塑造旅游目的地品牌资产的关键因素。因此，本研究不仅丰富了目的地品牌资产的研究框架，而且为理解文化在旅游目的地品牌建设中的作用提供了新的理论视角。

（3）揭示旅游目的地品牌资产的作用机制。

在引入地方依恋变量的基础上分析旅游目的地文化营销对品牌资产的影响，建构旅游目的地品牌资产的作用机制，为目的地品牌资产的影响机制的扩充提供理论支持。不仅拓宽了目的地品牌资产的视野，也为旅游目的地文化营销与品牌资产关系的理论模型提供了新的维度，在目的地品牌的深入发展上提供了理论上的新思路。

2. 现实意义

（1）有助于旅游目的地制定品牌营销策略。

该研究成果为旅游目的地品牌营销战略的制定提供了理论依据和实践指导。通过对旅游者对于目的地文化特质及品牌形象感知的深入分析，使得旅游管理者能够精准捕捉到游客在文化认同和情感联结方面的基本需求。此种洞见对于增强目的地与游客间的情感共鸣以及进一步加固游客对旅游目的地品牌忠诚度具有显著意义。在此基础上，政府及旅游行业相关企业更能有针对性地调整和优化品牌营销策略，保障推广内容与游客的预期相符，从而有效提升在激烈的市场竞争中的品牌辨识度和竞争力。这为政府及企业相关管理部门在品牌建设与传播上提供决策依据。

（2）有助于旅游目的地开展品牌资产评估。

本研究为旅游目的地品牌资产评估提供了一种新的视角和方法论基础，有助于目的地管理者和营销决策者更准确地评估和理解旅游品牌的价值和影响力。通过深入分析旅游目的地文化营销对品牌资产的贡献，旅游目的地可以定量和定性地衡量其文化元素和品牌活动对地方依恋以及游客忠诚度的实际影响。这种评估不仅有助于识别和强化旅游目的地的核心竞争力，也为持续优化和调整品牌策略提供了数据支持和方向指引。旅游目的地品牌资产的有效评估还能促进目的地在资源分配、营销投入和文化活动策划等方面的决策效率。此外，对中韩两国首都品牌资产的发展成效进行评估，也为推动两地旅游目的地形象构建提供实践指导。

（3）为旅游目的地实现文旅产业高质量发展提供决策参考。

通过深入挖掘和利用本地独特的文化资源，旅游目的地不仅可以丰富游客的旅游体验，还可以在竞争日益激烈的全球旅游市场中塑造独特的品牌形象。此外，强化文化营销与品牌建设的整合，有助于旅游目的地在促进文化遗产保护、传承和创新发展的同时，实现经济效益与社会价值的双重提升。本研究通过探究文化营销与旅游目的地品牌资产之间的关系，为旅游目的地实现文化和旅游产业的高质量发展提供了宝贵的决策参考。旅游目的地可以借此探索如何通过有效的文化营销策略增强其品牌资产，进而吸引更多的游客，提升游客满意度和忠诚度，增加旅游收入，并促进地方经济和社会的全面发展。综上，本研究不仅为旅游目的地提供了将文化资源转化为经济增长点和提升地区品牌影响力的策略建议，还为政策制定者和旅游管理者在规划和实施文旅融合发展战略中提供了科学依据和实践指导。

第二节 研究内容与方法

一、研究内容

第一章为绪论，是引导读者了解本书研究内容和意义的重要部分。本章主要介绍了本文的研究背景、研究目标，并阐述了研究的理论意义与实践意义，同时对本文的研究内容与研究方法进行说明。

第二章为理论基础。本章主要梳理和总结实证研究中涉及的各个变量的概念、维度和先行研究，并对研究变量进行概念与维度的界定。主要包括旅游目的地文化营销的概念及其四个维度，即文化促销、文化演绎、文化支持、文化光环；旅游目的地品牌资产的概念及其三个维度，即品牌知名度、品牌形象、感知质量；地方依恋的概念及其两个维度，即地方认同与地方依赖以及游客忠诚度的概念和先行研究。为本文构建旅游目的地品牌资产影响机制模型提供理论基础。

第三章为文献述评。本章主要梳理旅游目的地文化营销、品牌资产、地方依恋、游客忠诚度的国内外研究进展，对上述各个领域的研究进展进行综合分析和评价，指出现有研究的不足之处和存在问题，提出本研究可以借鉴和发展的方向和重点。

第四章为研究模型与假设。通过对国内外大量旅游目的地文化营销、品牌资产、地方依恋以及游客忠诚度的文献回顾，构建研究理论模型与研究假设，这为系统探讨旅游目的地文化营销对品牌资产、地方依恋以及游客忠诚度的影响机制，为后续实证研究提供理论指导和研究方向。

第五章为研究设计。首先是界定各变量的概念。一是界定各变量的概念，本部分将对研究涉及的各个主要变量进行清晰的概念界定，包括旅游目的地文化营销、品牌资产、地方依恋以及游客忠诚度。通过对每个变量的概念界定，确保研究对于各个变量的理解一致性，为后续研究提供清晰的理论基础。二是调查问卷的设计与构成，本部分将详细描述研究所采用的调查问卷的设计过程，包括问卷的结构、题目的设计、量表的选择等内容。特别是针对每个变量，设计相应的调查问题和量表，以收集与研究目的相关的数据。此外，还将对问卷进行预测试，以确保问卷的准确性和可信度。三是研究对象的介绍以及数据来源。本部分将介绍研究的样本对象，还将说明数据的来源，包括数据收集的时间和方法等。通过清晰地介绍研究对象和数据来源，确保研究的可靠性和可比性。

第六章为实证分析。在整理搜集一手数据的基础上，对旅游者感知的旅游目的地文化营销、品牌资产、地方依恋以及游客忠诚度的影响关系模型进行实证检验。首先利用 SPSS 25.0 软件对收集到的样本进行频率分析，以了解样本的基本特征；然后对研究变量的测量量表进行了 KMO（Kaiser-Meyer-Olkin）和 Bartlett’s 球形检验以及信赖度分析，为分析各测量变量之间的相互关联性进行了探索性因子分析，最后为验证假设进行了多重回归分析。这些研究不仅能够验证旅游目的地文化营销与品牌资产、地方依恋和游客忠诚度之间的关系，还能深入了解这些变量如何相互作用，为旅游目的地管理和营销提供科学的依据和指导。

第七章为研究结论。阐述主要研究结果，并结合理论研究、实证分析和调查研究的相关结论，提炼出研究的核心成果，并据此提出具体实用的建议，为旅游目的地的政府、文化旅游部门以及景区的发展战略和实践操作提供指导。除此之外，本章也对研究的局限性进行反思，并展望未来的研究方向。

第八章为专题研究。以河南省为例对旅游目的地文化营销与品牌塑造进行了实证分析，同时提供了深入实用的政策建议，旨在为旅游目的地品牌资产的提升和完善提供理论与实践的参考。选取河南为案例地研究的理由一是黄河流域生态保护和高质量发展已经成为重大的国家战略，河南是黄河文化形成、融合、发展的核心区域，是保护传承弘扬黄河文化的重要地方，选择研究河南文化营销具有重要意义。二是国家高度重视中华优秀传统文化的传承和发展，“行走河南 · 读懂中国”作为河南省近几年推广的新品牌，在如何通过了解中华文明历史来推动和传承中华优秀传统文化方面进行了积极探索。研究“行走河南 · 读懂中国”品牌具有重要现实价值。通过此专题研究，不仅为旅游目的地品牌研究提供了生动的案例，也为河南乃至其他旅游目的地提供品牌价值提升和完善的实践指导。

根据上述研究内容的内在逻辑，可得本文的研究框架如下：

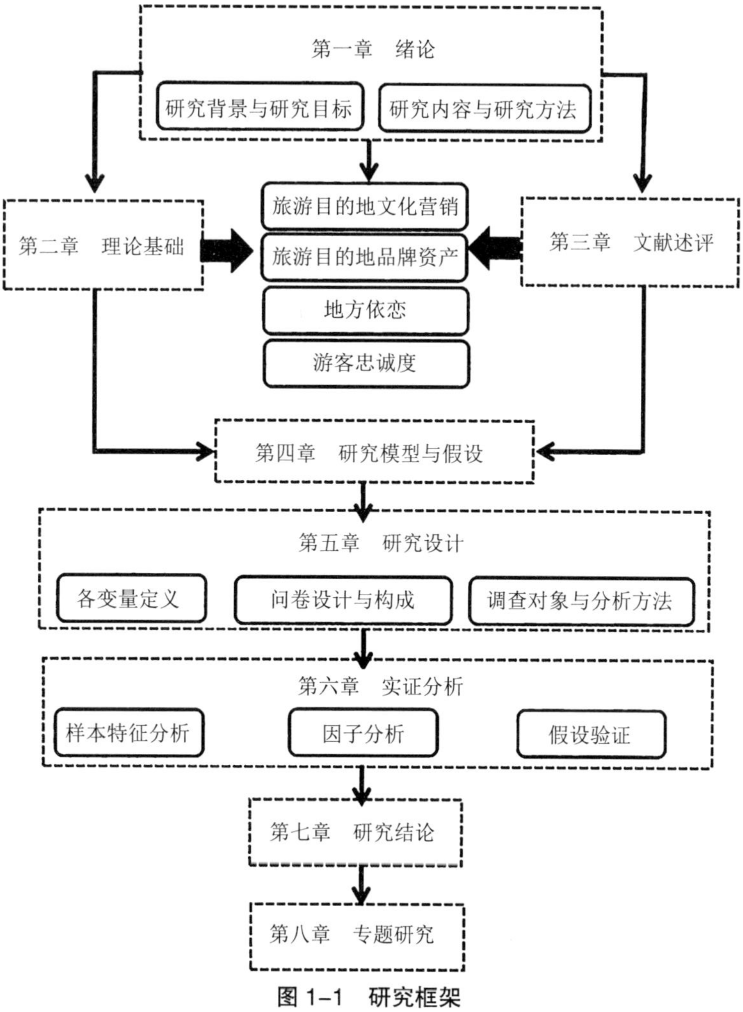

图 1-1 研究框架

二、研究方法

1. 文献分析法

文献分析法是一种通过大量搜集与所研究内容相关的资料，然后对所搜集到的资料进行阅读、分析、归纳和整理，从而对所研究内容的最新进展、已有成果进行总结的方法。本文对旅游目的地文化营销、品牌资产、地方依恋以及游客忠诚度等国内外研究等相关文献进行研究与梳理，总结国内外学者的研究成果，厘清研究思路，为研究变量的模型与假设提供理论支撑。

2. 问卷调查法

问卷调查法是一种广泛应用于社会科学、市场研究、心理学、健康研究等领域的数据收集方法。这种方法通过设计一系列问题（即问卷），收集被调查者的回答，以便分析人们的行为、态度、偏好、意见或特定特征。问卷调查可以采用纸质问卷、在线问卷或通过电子设备进行，具有灵活性高、覆盖范围广、成本较低等优点。

3. 结构模型建构法

构建旅游目的地文化营销、品牌资产、地方依恋以及游客忠诚度的影响关系模型，并设立假设，借助 SPSS 25.0 软件对其影响关系进行分析验证。并验证旅游目的地品牌资产在文化营销与游客忠诚度影响关系中的中介影响机理。

4. 网络文本分析法

网络文本分析法是一种在特定环境下从文本中提取信息和进行有效推断的研究方法。运用网络文本分析法对网络文本内容进行定量反映，并透过表象对其进行更进一步的分析，从而可以得出有利于研究的量化数据。如今伴随着互联网信息技术的快速发展，网络文本分析法在旅游领域研究中的应用越来越广泛，并获得了较为充足的研究成果。

第二章
理论基础

第一节　旅游目的地文化营销

一、旅游目的地文化营销的概念

（一）文化营销

文化营销是将文化与营销相结合的一种方法。在深入讨论文化营销之前，我们有必要先探讨文化和营销这两个概念。“文化”一词可以追溯到拉丁文的Cultura，意思是耕耘和开垦田地，最初被定义为耕作或种植（Lee DongCheol et al.，2008），随着时间的推移，这一概念逐渐演变和发展。今天，文化涵盖了人类社会的各个方面，包括价值观、信仰、传统、习俗、艺术、语言等。文化是一个社会共同体的核心，它影响着人们的行为、态度和生活方式。因此，文化在许多领域都扮演着重要角色，包括经济、社会、政治和艺术等。文化是一个非常广泛且复杂的概念，给它下一个严格和精确的定义是一件非常困难的事情，学者们都试图从各自学科的角度去界定文化的概念。然而，迄今为止仍未达成共识。最早定义文化的是英国的人类学家泰勒，他在1871年的《原始文化》一书中提出文化是一个复杂的复合体，认为文化不仅仅局限于艺术，还包括知识、信仰、艺术、道德、法律、风俗以及人类在社会里获得的一切能力与习惯（Yoo Seungho，2008）。他将文化的研究范围扩大了，这对之后的文化研究产生了重要的影响。随后，许多领域的研究学者对文化的定义进行概括。如Lee DongCheol等（2008）称文化是“人类生活要素的总称，包含社会成员所掌握的技术、知识、习俗、信念、道德、法律和与其相关的能力和习惯等的无形综合体”。Sim SangMin（2002）将文化分为文学、美术、展览、音乐、电影、电视剧等，通过内容、活动、庆典、设计、广告等方式传播。此外，Lee HuiSeung（2015）认为文化不仅包含人类衣食住行等可触知的具体实在的事物，也包括如科学、道德、宗教、艺术、法律等在内的精神活动。也有学者认为文化就是人类生活中与其他人共享的生活方式或活动（Noh JeongHee & Jang HanByeol，2011）。Choi JiYoung（2015）则将文化定义为“社会生活方式的一切，包括人类在特定场所内的价值、信念、行为和生活方式等”。文化学家威廉斯（Williams D R）对文化进行了细分，总结了以下三个定义：第一，理想性定义，即认为文化是人类完善的一种状态或过程，是智慧、精神和美学的一个总的发展过程。第二，文献性定义，即将文化看作有记录的文化作品和活动，是知性和想象性作品的整体。通过文学、美术、音乐、电影、建筑、时尚、美食等不同方式记录人类的思想和经验。第三，社会性定义，即认为文化是对人类特殊生活方式的描述，不仅表现了艺术和习得中的意义和价值，也表现了制度和日常行为中的意义与价值（Kim Minju，2005）。

关于文化有以上各种各样的定义，总的来说，广义上的文化通常被定义为“一种模式化的生活方式”，是人类创造的一切物质产品和精神产品的总和。也就是说，一个群体中所具有的共同的学习行为、生活方式、社会遗产及其成员共享的价值观、态度和习俗都可以统称为文化，指的是人所创造的不同于自在自然和自身生物体本能的东西，如生产工具、社会制度、观念习俗等，是所有有意识的行为和结果的总和，它是一个社会所表达和代表的整体生活方式（Kim SoYoung et al.，2009）。从狭义上来看，文化是“内在情感和思想审美的表达”，即表达美好和卓越情感的形式，如宗教信仰、文学、艺术音乐和表演艺术。从这个层面理解的话，文化指的是一个特定群体或社会所共同遵循的价值观念、信仰体系、传统习俗和艺术表达等共同的文化特征。有别于单纯的日常生活，是对精神享受或情感满足的渴望和追求，可以说是人类一切精神财富的总和，也是人类文化精神不断推进物质文化的内在动力。戏剧、歌剧、视觉艺术、音乐、文化和历史建筑等所谓的大众艺术都属于狭义的文化（Kim JeongSu，2017）。营销中的文化指的是组织和社会成员之间共享的意义、仪式、规范和传统的集合。营销是说服客户购买产品和挖掘客户需求的一种行为。

美国市场营销学会将营销定义为一种计划及执行活动，其过程包括对一个产品或服务的开发、定价、促销和分销等活动，其目的是经由交换及交易的过程实现个人或组织的目标。营销的原理和实质是在营利的同时识别、预测和满足客户需求的管理过程，被视为企业管理的一个非常重要的领域（Park GangHui，2013）。营销涉及产品或服务的推广、定价、分销和促销等活动，以吸引并保持客户，从而实现销售和利润增长。营销是一种综合性的管理活动，涉及市场分析、策划、执行和控制等多个方面。随着文化时代的到来，营销领域也以多种形式利用文化，重视消费者个人体验和生活方式的文化营销应运而生，逐渐成为企业营销的重要组成部分。

文化营销是将文化因素融入营销活动中，以更好地满足不同文化背景下消费者的需求，并在市场竞争中取得优势。文化营销可以包括对不同文化价值观的理解和尊重以及在产品设计、广告宣传、渠道选择等方面考虑到文化因素。通过文化营销，企业可以更好地与目标消费者建立联系，并创造出与他们文化背景相契合的营销策略，从而提升品牌形象和市场竞争力。也就是说，文化营销指的是企业通过对文化元素的挖掘和利用，将其融入产品设计、品牌建设和营销活动中，以期达到提升产品文化内涵、增强品牌价值和吸引消费者目的的营销模式。文化营销是以文化为媒介，提升企业形象的营销手段之一。文化营销的起源可以追溯到 Mecenat 的概念。Mecenat 是指企业通过支持文化艺术项目为社会作出贡献的活动，其名称源自古罗马时代慷慨资助文学艺术事业的政治家米希纳斯（Maecenas）。1967 年，美国成立了企业艺术后援会，首次使用了这一术语。随后，企业家们成立了 Mecenat 理事会，将所有无条件支持文化活动的社会活动总称为 Mecenat。因此，早期的文化营销可以说是通过各种支持或赞助活动来促进文化艺术发展的非营利性的社会贡献。然而，随着时间的推移，文化营销逐渐演变成为一种利用文化艺术的感性符号和代码来提升企业形象、建立品牌认同，并与目标消费者建立情感联系的营销工具。现如今，许多企业将文化元素融入其营销策略中，通过赞助文化活动、与艺术家合作、创作文化相关的广告等方式来传达其品牌价值观和形象。文化营销不仅是一种传统的赞助活动，更是一种涵盖了创意、情感和社会影响力的全方位营销策略。

21 世纪以后，学者们对文化营销的研究进一步延伸，对文化营销的概念也进行了深入地探讨。有的学者认为文化营销就是以满足消费者的文化需求为目标，将各种文化因素渗透至营销过程，通过文化艺术活动刺激消费者的感情，来提升企业产品的附加值，使产品更具有差异化和个性化，最终影响消费者决策行为的营销活动（Joe SoYeong，2010）。Lee Jeong Man 和 Kim Hyung Jin（2011）则将其定义为企业希望通过文化或艺术等活动来加深与消费者的无缝沟通，为企业创造文化价值提供的一系列营销活动。Kim NaYeong（2011）认为文化营销就是为企业创造价值的营销活动，运用文化力量与消费者进行情感沟通的营销手段。Kwak ChulWoo（2013）和 Kwon Jaeil（2014）以旅游企业为研究对象对文化营销进行了研究，他们认为文化营销是基于文化与营销的契合，企业有意识地培养或创造某种核心价值，形成与其他竞争对手的差异化营销活动，通过各种媒介刺激消费者的感性代码，使消费者对企业的产品或服务产生亲密感和信赖感，以此提升企业的形象和价值的一种营销方法。文化营销作为企业的营销战略，举办或支持展示会、公演、体验、音乐会等文化艺术活动属于文化营销，将文化形象融入企业产品和服务中，通过广告或者促销的方式进行营销同样属于文化营销（Joe Deokwon，2012）。Lee BongHoon 和 Lee Gyu Bong（2017）指出企业为了达到营销目的而战略性地利用文化艺术的营销活动就是文化营销。Lee JihYeon（2014）认为文化营销就是企业将文化作为一种营销手段，为消费者建立企业品牌认同，提升企业价值而采取的营销活动。Shin SeungSu 和 Lee JungGyo（2013）认为文化营销是将文化元素融入产品设计、品牌建设和营销活动中，以达到提升品牌价值和吸引消费者目的的一系列营销活动，文化营销的概念一般是从企业利用文化内容达到促销、广告等传播效果的角度提出来的。

文化营销与传统的营销活动不同，文化在影响客户决策行为方面发挥着至关重要的作用。传统的营销在产品方面更强调便利性和功能性，在价格方面更强调合适价格或折扣价格。与此相反，文化营销强调的是产品给消费者带来的形象和感受，侧重于通过创造文化形象来增加文化溢价。从场地方面来看，传统的营销主要通过实体经营店进行营销，受地域影响较大，而相比之下文化营销强调的是将文化元素融入产品设计、品牌建设和营销活动中，构建的是一个文化空间，将产品赋予文化价值和意义。在宣传方面，传统营销也主要通过媒体广告和口碑等方式进行，但文化营销更看重研究消费者情感的体验、价值的认同等文化需求。这种利用文化的力量开展营销活动，使企业的员工形成一种新的营销理念，向消费者提供可直接参与产品或服务的文化活动，让消费者感受到不同于其他品牌产品形象的文化感受，并最终影响消费者群体决策的就是文化营销的重点。文化营销向消费者传递的是一种文化价值观，这种文化价值观无论是在有形还是无形方面都可以区别于其他竞争对手，展现出与竞争对手不同文化的差异性，从而提升产品的附加价值，从心理上满足消费者的需求，从情感上打动消费者（Lee JihYeon，2014）。

An SoYoung 和 Han JinSoo（2014）将文化营销概念延伸到了社会福祉领域，认为文化营销既是提升企业价值的手段，也是提高“生活质量”的营销活动，利用与消费者分享企业文化，通过与消费者及社会文化的价值共振，实现文化沟通，以此来提升企业品牌价值及创造附加值的营销活动就是文化营销。Wang DoYeul（2018）指出文化营销是利用文化来提高和升华企业品牌形象的一种营销模式。总而言之，文化营销的概念根据营销的目的和主体标准等因素，一般可以分为两种观点："为营销而文化（Culture For Marketing）"和"为文化而营销（Marketing For Culture）"（Park JoungKoo & Kong JaWon，2006）。为营销而文化指的是企业通过文化支持和文化管理等活动，利用文化元素创造附加值、提升企业形象的一种营销手段。为文化而营销指的是通过各种文化艺术活动，激发消费者的共鸣，从而达到留住现有客户和开发新客户的营销活动。换言之，它是为实现企业目标，从为员工提供文化福利待遇开始的一系列营销活动。

（二）旅游目的地文化营销

一个文化的存在与地方文化的传承密不可分，这种传承会导致不同的民俗文化的形成，从而衍生出不同的区域文化。区域文化指的是在某个特定区域内，由该地区的人群所拥有的相似的民族艺术、行为习惯、思想观念、价值准则、道德规范等的总和（Choi JiYoung，2015）。这种文化是经过长期历史积淀、地理情况、生产水平等因素共同作用而形成的，具有当地特色和独特魅力。区域文化对于区域经济发展起着至关重要的作用（Kim YuMi，2013）。具有地方特色的区域文化可以通过节庆活动、文化活动、艺术活动、旅游等方式吸引游客，从而促进当地旅游业的发展，进一步推动相关产业的繁荣，增强了区域的竞争力（Jin RyeoNa，2014）。区域文化资源和旅游经济的耦合是一种双向互动的关系，具有相互支持、相互依存的特征，是旅游业发展和文化资源保护传承的重要手段。文化营销在这种情况下扮演着重要的角色。通过文化营销，可以有效地推广区域文化特色，吸引更多的游客前来体验，促进旅游业的发展，同时也能够为文化资源的保护和传承提供经济支持，实现经济效益与文化价值的双赢。因此，文化营销在旅游业中的重要性日益显著。

学者们对文化营销在旅游业中的应用研究也逐渐增多，芦瑞峰（2009）指出文化营销是旅游景区发展过程中的重要营销手段，景区可以通过文化营销提升旅游景区的竞争力。Kim SoYoung 等（2009）将旅游目的地文化营销定义为利用当地文化资源为游客创造附加值的一系列的营销活动。指出文化营销可以帮助旅游目的地与旅游者建立情感联系。Oh SuJeong 等（2015）认为文化营销有助于传承和弘扬旅游目的地的传统特色文化，将其定义为利用旅游目的地有形和无形的文化产品资源，开发游客喜爱的旅游设施和品牌，并将其商业化以提高地区资产价值的一系列营销活动。

这种营销活动在激发当地自豪感和建立文化认同方面发挥了重要作用。旅游中的文化营销是指为了创造当地增值，利用地域文化对游客进行的当地文化产品的一系列营销活动（Kim SoYoung et al.，2009）。Lee SooBum 等（2005）强调了文化营销在旅游业中的作用，通过文化营销，旅游目的地可以将当地的文化特色与旅游产品相结合，从而为游客提供独特的体验。这种做法不仅有助于吸引游客，还能够增加游客对目的地的认同感和满意度。同时，通过将地域文化纳入营销活动，可以为当地社区创造经济价值，促进地方经济的发展。总的来说，旅游中的文化营销不仅是为了满足游客的需求，还能够促进当地文化的传承和发展，提升旅游目的地的竞争力，增加当地经济的收入以及增强当地居民的文化认同感和自豪感。

Kang Hwa（2017）验证了文化营销对旅游目的地品牌形象的正向影响，认为文化营销理论同样适用于旅游品牌的塑造，将其定义为旅游目的地将文化元素融入旅游产品设计和营销中，使其成为产品或服务的特色，以此提升旅游产品文化内涵及服务附加值的一系列营销活动。Lee Jeongeun（2017）认为旅游目的地文化营销就是利用当地文化资源，将区域的独特形象和价值商业化，为当地社区和居民创造利益的营销活动。综上所述，梳理文化营销的概念如表 2-1 所示。

表 2-1　文化营销的概念

研究对象	研究者	概念
旅游目的地	Oh SuJeong 等（2015）	利用旅游目的地有形和无形的文化产品为资源，开发游客喜爱的旅游设施和品牌，并将其商业化以提高地区资产价值的一系列营销活动
	Kang Hwa（2017）	旅游目的地将文化元素融入旅游产品设计和营销中，使其成为产品或服务的特色，以此提升旅游产品文化内涵及服务附加值的一系列营销活动
	Lee Jeongeun（2017）	利用当地文化资源，将区域的独特形象和价值商业化，为当地社区和居民创造利益的营销活动
一般企业	Kim NaYeong（2011）	为企业创造价值的营销活动，运用文化力量与消费者进行情感沟通的营销手段
	Shin SeungSu 和 Lee JungGyo（2013）	将文化元素融入产品设计、品牌建设和营销活动中，以达到提升品牌价值和吸引消费者目的的一系列营销活动
	Lee BongHoon 和 Lee Gyu Bong（2017）	企业为了达到营销目的而战略性地利用文化艺术的营销活动

续表

研究对象	研究者	概念
酒店	An SoYoung 和 Han JinSoo（2014）	利用与消费者分享企业文化，通过与消费者及社会文化的价值共振，实现文化沟通，以此来提升企业品牌价值及创造附加值的营销活动
	Wang DoYeul（2018）	利用文化来提高和升华企业品牌形象的一种营销模式
咖啡店	Joe SoYeong（2010）	文化营销就是以满足消费者的文化需求为目标，将各种文化因素渗透至营销过程，通过文化艺术活动刺激消费者的感情，来提升企业产品的附加值，使产品更具有差异化和个性化，最终影响消费者决策行为的营销活动
航空公司	Lee Jeong Man 和 Kim Hyung Jin（2011）	企业希望通过文化或艺术等活动来加深与消费者的无缝沟通，为企业创造文化价值提供的一系列营销活动
旅游企业	Kwak ChulWoo（2013）和 Kwon Jaeil（2014）	文化营销是基于文化与营销的契合，企业有意识地培养或创造某种核心价值，形成与其他竞争对手的差异化营销活动，通过各种媒介刺激消费者的感性代码，使消费者对企业的产品或服务产生亲密感和信赖感，以此提升企业的形象和价值的一种营销方法
家庭餐厅	Lee JihYeon（2014）	将文化作为一种营销手段，为消费者建立企业品牌认同，提升企业价值而采取的营销活动

本研究基于 Kwak ChulWoo（2013）、Lee Jeongeun（2017）、Kang Hwa（2017）等前期研究，将旅游目的地文化营销定义为将旅游产品、旅游宣传和旅游服务与文化元素相结合，利用文化激发游客的情感共鸣，从而提高旅游目的地附加值并与其他旅游目的地形成差异化的一系列营销活动。

二、旅游目的地文化营销的维度

文化营销是一个复杂而多维的领域，吸引了众多学者的关注和研究。在文化营销的研究中，学者们通常从多个维度进行探讨和分析，以深入理解文化对市场营销的影响以及如何有效地利用文化因素进行营销。以下是一些学者通常会涉及的文化营销的维度：Sim Sangmin（2002）根据产品或服务于文化的一致性程度以及文化在营销中的应用方式，将文化营销分为文化促销、文化支持、文化演绎、文化企业和文化光环五个维度。Oh SeungJun（2017）以百货商场为对象，也将文化营销分为以上五个维度。Joe SoYeong（2010）将文化营销分为文化促销、文化支持、文化演绎、文化企业、人力销售和口碑六个维度。Oh JiHyeon（2014）以咖啡店为研究对象，An SoYoung

和 Han JinSoo（2014）以酒店为研究对象，Baek SeonYeong（2016）以化妆品企业为对象，都将文化营销分为文化促销、文化支持、文化演绎、文化企业四个维度。Yoo GyeongNam（2012）、Kwak ChulWoo（2013）、Park SuMi（2017）分别以一般企业、旅游企业、航空公司为对象对文化营销的维度进行了研究，一致认为文化促销、文化支持、文化演绎、文化光环是文化营销的重要维度。Lee JihYeon（2014）则以家庭餐厅为例，将文化营销分为文化支持、文化演绎和文化光环三个维度。随着文化营销在旅游目的地上的应用，学者们对旅游目的地文化营销的维度也进行了深入探讨。Oh SuJeong 等（2015）借鉴企业文化营销的维度分类，将旅游目的地文化营销分为文化促销、文化支持、文化演绎、文化企业四个维度。Choi JiYoung（2015）则将其分为文化促销、文化支持、文化演绎、文化光环四个维度，Kang Hwa（2017）在文化促销、文化支持、文化演绎的基础上增加了文化旅游目的地定位和文化光环两个维度。这些构成维度可以帮助营销人员和研究者更全面地理解文化营销的复杂性，并指导他们在实践中更有效地利用文化因素来推动市场营销活动。综上所述，梳理旅游目的地文化营销的维度如表 2-2 所示。

表 2-2　文化营销的维度

研究者	概念
Sim Sangmin（2002）	文化促销、文化支持、文化演绎、文化企业、文化光环
Oh SeungJun（2017）	文化促销、文化支持、文化演绎、文化企业、文化光环
Joe SoYeong（2010）	文化促销、文化支持、文化演绎、文化企业、人力销售、口碑
Oh JiHyeon（2014）	文化促销、文化支持、文化演绎、文化企业
An SoYoung 和 Han JinSoo（2014）	文化促销、文化支持、文化演绎、文化企业
Baek SeonYeong（2016）	文化促销、文化支持、文化演绎、文化企业
Yoo GyeongNam（2012）、Kwak ChulWoo（2013）、Park SuMi（2017）	文化促销、文化支持、文化演绎、文化光环
Lee JihYeon（2014）	文化支持、文化演绎、文化光环
Oh SuJeong 等（2015）	文化促销、文化支持、文化演绎、文化企业
Choi JiYoung（2015）	文化促销、文化支持、文化演绎、文化光环
Kang Hwa（2017）	文化促销、文化支持、文化演绎、文化旅游目的地定位、文化光环

本研究在前人研究成果的基础上，借鉴 Sim Sangmin（2002）、Choi JiYoung

（2015）、Kang Hwa（2017）等人的研究，结合本研究的目的，将文化营销分为旅游目的地的文化促销、文化支持、文化演绎、文化光环四个维度进行研究。

（一）文化促销（Sales）

Kotler（1997）强调了促销活动的重要性，并将其定义为一种能够直接刺激消费并在短期内产生效果的营销手段。促销活动是企业利用各种短期诱因来鼓励消费者购买其产品或服务的一种行为（Lee Chaok & Lee SeongGeun，2001）。这种观点突出了促销活动在营销策略中的独特地位，其主要目的在于促进消费者的购买决策，并在较短的时间内实现销售目标。在这一视角下，促销活动被视为一种针对市场的直接干预手段，通过提供各种激励和优惠，诱导消费者作出购买决策。这包括但不限于打折、赠品、抽奖、特价促销等各种形式的销售促进活动。这些促销手段通常能够在短期内带来销售增长和提升品牌知名度，因此被广泛应用于市场营销实践中。

随着社会经济的不断发展，人们的生活水平逐渐提高，闲暇时间也随之增加。在这种情况下，人们对精神文化生活的需求愈发凸显。他们渴望在日常生活中寻找更多的情感满足和心理愉悦，而消费成为他们实现这一目标的重要途径之一。因此，消费者越来越倾向于通过购买来满足自己的情感需求，而不仅仅是简单地满足物质上的需求。情感消费不再仅限于获取产品或服务的功能和实用性，更多地强调了消费者在消费过程中所获得的情感体验和心理满足。这种情感上的需求往往表现为对消费品的文化诉求。消费者希望通过购买具有特定文化意义或符号象征的产品来表达自己的身份认同、情感态度以及价值观念，从而实现情感上的愉悦和满足。在这样的消费环境下，企业意识到了满足消费者的文化心理需求对于提升品牌形象和促进销售增长的重要性。因此，在产品的促销活动中注入文化元素成为一种常见的市场营销策略。这种文化促销的目的在于通过满足消费者对文化的情感诉求，建立起与消费者之间更深层次的情感联系，并通过情感销售的方式促进产品的销售。Joe SoYeong（2010）的研究进一步强调了文化促销作为一种情感销售的策略，通过满足消费者的文化心理需求来实现销售增长。这种策略的成功在于它不仅仅关注产品本身的功能和特性，更加注重消费者的情感体验和情感联结。通过在促销活动中融入文化元素，企业能够更好地与消费者建立情感上的共鸣，从而激发消费者的购买欲望，促进销售的增长。

文化促销作为一种情感销售策略，在营销领域引起了广泛关注。学者们对文化促销的定义和作用进行了深入的探讨，以便更好地理解其在企业营销中的重要性和实践应用。Kim NaYeong（2011）在其研究中指出，文化促销是指企业为了宣传企业或产品，在营销活动中将文化元素融入产品宣传广告或销售过程中的一种策略。这种策略旨在利用文化元素来吸引消费者的注意力，激发其购买欲望，并最终促进销售增长。换句话说，文化促销是企业在推广产品或品牌时利用文化因素来增强市场竞争力和吸引消费者的一种重要手段。在文化促销的实践中，企业可以通过多种方式将文化元素融入营销活动中，例如在广告、宣传片或销售渠道中体现当地的传统文化、历史故事或特定的文化符号。通过这种方式，企业可以更好地与消费者建立情感上的联系，增强品牌认知度和认同感，从而提升销售业绩。此外，文化促销也是一种重要的品牌塑造手段。通过与当地文化相结合，企业可以树立自己的文化形象，展示其对当地文化的尊重和关注，从而赢得消费者的好感和信任。这种文化认同感有助于提升品牌形象，在市场竞争中脱颖而出。Baek SeonYeong（2016）对文化促销进行了深入的定义，强调了其作为一种以文化为纽带的营销策略的重要性。根据 Baek SeonYeong 的观点，文化促销可以被理解为企业利用各种文化元素作为纽带，通过文化理念、文化产品和品牌效应等因素，营造一种独特的销售氛围，从而实现商品销售的经营艺术。文化促销的本质在于将文化和艺术融入广告和宣传中，以此作为促销的手段。具体而言，文化促销可以体现在企业的营销活动中，例如广告、宣传片、活动策划等方面。通过将文化理念与产品或品牌相结合，企业可以营造出独特的营销氛围，吸引消费者的注意力，激发其购买欲望，并最终实现销售目标。

以上学者的观点表明，文化促销作为一种营销策略，将文化元素和价值融入促销活动中，既能够激发消费者的购买欲望，又能够提升品牌形象，满足现代消费者对情感和文化深度的需求。随着消费市场的不断演化和消费者的日益成熟，企业需要更加注重文化促销在产品和品牌建设中的应用，以促进与消费者之间的情感联系和品牌忠诚度。文化促销不仅仅是单纯的销售手段，更是一种与消费者情感深度互动的过程。通过将文化元素融入产品和品牌的宣传推广中，企业可以创造出独特的情感体验和文化氛围，使消费者产生共鸣并建立情感联结。这种情感联结不仅会促使消费者做出购买行为，还会在心理上使他们对品牌产生认同感和忠诚度。随着消费市场竞争的加剧，仅仅依靠产品本身的特性和功能已经不足以吸引消费者的注意力和信任。文化促销为企业提供了一种新的思路和方式，即通过传递文化价值和情感体验来建立与消费者的深层次连接。这种情感联结不仅能够提升消费者对品牌的认知和好感度，还能够促进他们对品牌的忠诚度和长期支持。因此，企业需要更加注重文化促销在产品和品牌建设中的应用。这包括了对文化元素的深入挖掘和理解以及在营销活动中的巧妙运用。通过精心设计的文化促销策略，企业可以更好地与消费者建立情感联系，提升品牌形象，增强市场竞争力，实现持续的销售增长和品牌发展。

文化促销最具代表性的例子就是 Product Placement（PPL），PPL 即产品植入，是一种将品牌或产品以一种看似非广告的方式嵌入到电影、电视剧、视频游戏、音乐视频或书籍中的营销策略，是传播企业产品或品牌的差异化策略之一（Wilson & Till，2011）。这种策略让消费者在接触媒体内容的同时，自然而然地接触到产品，从而在不知不觉中对品牌建立认知和兴趣。PPL 是文化促销的一种形式，因为它借助文化产品（如电影、电视剧）来传递商品或品牌的文化形象和价值观，有效地与目标消费者的情感和文化认同连接。企业使用 PPL 可以向消费者传递文化形象，刺激他们购买产品的欲望，这不仅能提高消费者对产品或服务的认知度（Hwang Yong Cheol & Song YeongSik，2013），还能使消费者对品牌的记忆更为深刻（Lee et al.，2011）。比起其他的促销手段，这种方式更为直接有效，更容易让消费者接受。2016 年，韩国电视剧《太阳的后裔》就是一个文化促销的例子，爱茉莉太平洋集团的兰芝产品因该剧的热播而大量曝光，刺激了年轻女性对该产品的购买欲望，导致销售量激增。宋慧乔在剧中使用的兰芝口红成为最畅销的新品，销量同比增长 360%。这种将商品、理念、品牌等对象以巧妙的方式置于节目媒体当中的 PPL，不仅让消费者无意识中对产品产生认知，还能让消费者对该产品产生好感并购买该产品（Tak JaeSeong，2016）。

旅游目的地的文化促销在旅游营销领域扮演着至关重要的角色。根据 Choi JiYoung（2015）和 Kwon MiJeong（2009）的研究，文化促销被定义为通过运用与当地文化相关的庆典、公演、节庆等文化活动，或通过电影、电视剧等媒体的方式宣传某地区的推广方式。这意味着通过利用当地独特的文化元素和活动以及各种传媒手段，可以提升旅游目的地的知名度和品牌价值。旅游目的地文化促销的本质在于以文化为媒介，通过广告、报纸、广播、电影等多种媒体的方式进行传播。这些传播手段可以帮助旅游目的地展示其丰富的文化遗产、独特的文化体验以及引人入胜的文化活动。通过精心设计的文化促销活动，旅游目的地可以吸引更多的游客前来参观，增加游客数量和旅游收入，同时也有助于提升目的地的形象和声誉。旅游目的地文化促销的策略包括利用电影、电视剧等媒体展示目的地的风土人情和美景，吸引游客的注意力，从而达到推广目的地的效果。综上，文化促销作为一种旅游营销手段，通过利用文化元素和各种传媒手段，来推广旅游目的地或旅游景点，提升其知名度和品牌价值。这种策略不仅能够吸引更多的游客，增加旅游收入，还能够丰富游客的旅游体验，促进当地经济的发展和文化的传承。因此，对于旅游业而言，文化促销是一种不可或缺的营销手段，对于推动旅游业的发展和繁荣具有重要意义。

本研究将文化促销定义为利用多种媒体渠道或运用文化内涵创造附加价值，以推广旅游目的地或景点的旅游营销手段。

（二）文化支持（Sponsorship）

文化支持作为一种文化营销形式，是指企业对各种文化艺术的赞助和支持活动。其目的在于促进文化艺术的发展，同时通过与文化相关的艺术活动或组织的赞助来宣传和展示企业形象（Oh SeungJun，2017）。文化支持作为文化营销的一种形式，是企业最常见、最传统的营销手段之一。它通过赞助与文化相关的艺术活动或组织，如音乐会、艺术展览、戏剧演出等，来展示企业对文化艺术的支持和重视，从而塑造良好的企业形象。与其他文化营销元素相比，文化支持的最主要区别在于其具有慈善性质。企业参与文化支持活动不仅仅是为了提升品牌形象和营销效果，更是出于对文化艺术的支持和社会责任感。通过赞助文化艺术活动，企业不仅能够获得品牌曝光和认可度，还能够在社会上树立良好的企业形象，赢得消费者和社会的信任和尊重（Choi JiYoung，2015）。

Mecenat（赞助）是企业通过对艺术、文化、科学、体育以及社会和人道主义公益项目的支持，为社会作出贡献的一种综合性活动。这种形式的赞助不仅仅是企业简单地回馈社会的慈善行为，而是成为一种战略性的营销活动，旨在实现企业的利益目标。目前，Mecenat 活动已经不再局限于单纯的慈善赞助，而是成为一种有针对性的战略性营销活动（Noh JeongHee & Jang HanByeol，2011）。通过支援各种文化艺术活动，企业可以实现多重目标，包括提升品牌形象、增强消费者对品牌的认知和信任度，拓展市场份额以及与目标受众建立更深层次的情感联结。此外，Mecenat 活动还可以帮助企业建立与所在社区和社会大众的良好关系，增强企业在社会中的影响力和地位。通过支持各种公益项目，企业展现了其社会责任感和关怀精神，赢得了社会的尊重和支持，有助于建立积极的企业形象。在竞争激烈的市场环境下，Mecenat 活动为企业提供了一种与传统营销手段相结合的新型营销策略。通过文化、艺术和社会公益项目的支持，企业不仅可以实现自身利益的最大化，同时也为社会的发展和进步做出了积极的贡献。因此，Mecenat 活动已经成为企业营销策略中不可或缺的重要组成部分。

Na Youn Ju（2013）认为文化支持是企业为了宣传或改善企业形象而采取的赞助文化艺术活动的营销策略。强调了企业通过赞助文化艺术活动来宣传企业形象，从而达到品牌推广的目的。Park GangHui（2013）将文化支持定义为为了与消费者建立长期的感性纽带而采取的赞助文化艺术活动的一种营销方式，他强调的是文化支持不仅仅是为了宣传企业，更是为了与消费者建立情感联系，提升品牌忠诚度和认同感。Shin SeungSu（2014）将文化支持定义为支持文化、艺术和文化组织活动以宣传企业或改善企业形象的营销活动。这种定义强调了企业通过赞助文化艺术活动来塑造自身的良好形象，并通过与文化相关的活动来展示其社会责任感和关怀精神。Park AeGyeong（2017）将文化支持定义为支持从事文化活动的组织以宣传企业或提升企业形象的行为。这种定义强调了文化支持作为一种企业行为，不仅仅是为了宣传企业，更是为了提升企业形象和在社会中的地位。综上所述，文化支持作为一种营销策略，旨在通过赞助文化艺术活动来宣传企业形象、与消费者建立情感联系，并展示企业的社会责任感和关怀精神。这种策略不仅有助于提升企业的品牌形象和认知度，还能够加强企业与消费者、社会之间的联系，实现企业的长期可持续发展。

文化支持在旅游领域的应用可以被定义为通过支持文化活动来改善地区目的地形象，从而实现地区与文化艺术之间互利双赢的营销活动（Lee Wan Bok & Chung JinDo, 2009）。这一观点强调了文化支持在旅游目的地形象塑造中的重要性。Choi JiYoung（2015）认为，文化支持是旅游目的地为了彰显文化特色，促进传统文化、民俗风情和文化传承的传播和发展而采取的支持文化艺术活动的一种行为。这种形式的文化支持包括了建设文化艺术设施、举办艺术展览和文化节庆等活动，以展示旅游目的地的独特文化魅力，吸引游客并提升地区形象。另外，Oh SuJeong 等（2015）将文化支持定义为为了提升地区形象而采取的文化服务活动。这种观点强调了文化支持作为一种营销策略，旨在通过支持建设文化相关服务设施和举办文化艺术活动等方式，来宣传和提升旅游地文化形象，吸引更多游客前来体验。综上所述，旅游目的地文化支持是为宣传和提升旅游地文化形象的一种营销策略，旨在通过支持建设文化相关服务设施和举办文化艺术活动等方式，来吸引游客、提升地区形象，并促进旅游业的发展。这种策略不仅能够丰富旅游目的地的文化内涵，还能够提升游客的满意度和体验感，推动旅游业的可持续发展。因此，本研究将文化支持定义为为宣传和提升旅游目的地文化形象，而采取的支持建设与文化相关的服务设施以及文化艺术活动的一种旅游营销策略。

（三）文化演绎（Synthesis）

文化演绎作为一种文化营销活动，旨在将企业产品或服务与企业文化形象紧密融合，从而创造出独特的品牌价值和差异化优势。这一概念由 Kim NaYeong（2011）提出，并强调了其在利用文化代码方面的积极性。相比其他类型的文化营销，文化演绎可以说是最积极利用文化代码的类型之一。它不仅仅是简单地利用文化元素来宣传产品或服务，更注重将企业的文化理念、价值观与产品或服务相融合，使之成为品牌的核心特征。通过与企业文化形象的一致性和连贯性，文化演绎能够为产品或服务赋予更深层次的意义和情感联结，从而吸引消费者并获得溢价。文化演绎与文化促销在利用文化宣传产品和提升品牌形象方面有相似之处，但其更加注重的是文化与产品或服务之间的关联度和融合度。通过将企业文化与产品或服务相结合，文化演绎不仅能够提升产品或服务的独特性和吸引力，还能够塑造出更加深入人心的品牌形象，建立起消费者与品牌之间的情感纽带。

根据 Kwon JuAn（2013）的定义，文化演绎被视为一种将企业文化与产品或服务相结合的手段，以向消费者传达企业的文化品牌理念的方式。这种方法通过将文化内涵融入企业品牌，形成品牌文化上的差异，不仅能够极大地提升企业品牌形象附加值和产品竞争力，还能够树立良好的市场品牌形象，提高企业品牌的知名度和美誉度，从而增加消费者的信任和忠诚度（Oh JiHyeon，2014）。这一观点强调了文化演绎在品牌塑造和市场营销中的重要性以及其对企业长期发展的积极影响。Han Ingyeong（2011）认为星巴克是文化演绎成功的典范。星巴克之所以成为全球知名的咖啡品牌，并非仅仅因为其出色的咖啡产品，更因为它成功地塑造了一种独特的文化。星巴克以其特有的环境氛围和卓越的交互体验，打造了独具魅力的品牌文化，将咖啡店打造成了一个让消费者感到舒适和放松的第三空间。星巴克的品牌塑造、产品设计以及服务体验都以营造独特的星巴克文化为基础，旨在与消费者达成精神共鸣，引发消费者的情感共鸣和认同感。这种成功的文化演绎让星巴克在没有任何广告宣传的情况下，成为全球范围内备受欢迎和尊重的知名咖啡品牌。综上所述，文化演绎作为一种将企业文化与产品或服务相结合的营销手段，具有重要的意义和价值。通过成功地将企业文化融入品牌建设和市场营销中，企业能够创造出独特的品牌文化，提升品牌形象和竞争力，吸引消费者并赢得其信任和忠诚度。

从旅游目的地的角度来看，文化演绎被视为象征着一个地区与其独特文化之间紧密联系的战略。根据 Kwon MiJeong（2009）的观点，文化演绎不仅仅是一种营销手段，更是一种表达旅游目的地文化特色和形象的重要方式。这种战略将地区的文化元素融入旅游产品和服务中，从而在旅游市场中建立起独特的品牌形象，吸引游客并实现溢价。文化演绎不仅仅是为了吸引游客，更是为了向世界展示目的地的独特文化魅力和价值。Choi JiYoung（2015）将文化演绎定义为旅游目的地文化个性和形象在其物质环境、符号和产品中的反映，以创造该目的地文化的独特性和差异化。这种定义强调了文化演绎作为一种营销手段，能够通过赋予物理环境、旅游产品或服务产品以独特的文化形象，从而使目的地在旅游市场中脱颖而出，吸引更多游客并实现溢价。通过将地区的文化个性和形象融入旅游产品和服务中，文化演绎能够为旅游目的地打造出与众不同的旅游体验，使游客能够在旅途中深刻感受到当地独特的文化魅力。由此可见，文化演绎作为一种旅游营销策略，不仅能够提升旅游目的地的知名度和吸引力，还能够传达目的地丰富的文化内涵，促进地区经济和社会发展。通过将文化元素融入旅游产品和服务中，文化演绎使得旅游目的地能够在激烈的竞争中脱颖而出，成为游客心中的首选目的地。

本研究将文化演绎界定为将文化形象赋予物理性环境、旅游产品或服务产品上，以在竞争激烈的旅游市场中凸显独特性，并实现相较于其他旅游目的地更高的价格溢价一种营销手段。

（四）文化光环（Spirit）

文化光环指的是企业在营销过程中利用一个国家的文化形象，将企业营销与国家文化结合在一起的文化营销。这种结合不仅仅是为了突出企业的国际形象，更是为了利用国家文化所具有的吸引力和影响力来吸引消费者，促进产品或服务的销售。因此，文化光环可以被视为一种利用国家形象光环来激发消费者购买欲望的营销策略（Lee

HyoJun，2012）。在实施文化光环策略时，企业通常会通过与国家特色相关的广告、宣传活动以及产品设计等手段来强调其与国家文化的紧密联系。这种紧密联系不仅能够提升企业的品牌价值，还能够加强消费者对产品或服务的信任感和认同感，从而促进销售增长和市场份额的提升。

Kim NaYeong（2011）认为，一个企业如果拥有良好的形象，这种形象会延伸到其生产的其他产品，并为其赢得良好的评价。这种现象被称为光环效应。换句话说，一个国家的文化魅力对企业或地区的形象有着深远的影响，这就是所谓的文化光环。Oh SeungJun（2017）指出，当一个国家拥有积极的形象或强大的吸引力时，其企业品牌也能从这种光环效应中受益。这种光环效应会对企业的销售、生产活动以及市场营销产生连锁反应，最终帮助企业创造可观的利润。因此，国家的积极形象直接影响着企业积极形象的建立和发展。在这种情况下，企业可以通过巧妙地利用国家的文化形象和魅力来加强自身品牌的认可度和吸引力。

法国作为一个典型的文化光环案例，以其奢华的文化魅力而闻名于世。这种文化魅力使得全球消费者偏爱法国制造的产品，诸如香水和葡萄酒等。著名的法国企业如路易威登、迪奥和香奈儿等，积极地借助巴黎这座浪漫之都的国家形象来推广其品牌。即使法国制造的化妆品和包装价格昂贵，仍然备受消费者追捧。因为消费者普遍认为，只要是法国生产的产品，就是值得信赖的。正如 Youn Hyesin（2015）所言，法国的产品并非只是商品本身，更是法国精致形象的象征。这种心理认知使得消费者愿意为法国制造的产品买单。法国文明评论家 Guy Sorman 曾指出："当世界各地的女性购买法国制造的香水时，她们购买的不是液体和滴剂，而是精致的法国形象。"这表明消费者对法国产品的认可并非仅限于商品本身，更多的是对法国文化和形象的追捧。因此，当一个国家的形象具有强大的吸引力时，会为其企业创造光环效应，从而对企业的效益产生积极影响。法国以其浓厚的文化底蕴和独特的品牌形象，为本国企业赢得了消费者的信任和忠诚度，从而促进了企业的发展和市场地位的稳固（Oh SeungJun，2017）。

旅游目的地的文化光环是通过区域文化创造属于该目的地的独特文化空间，进而形成吸引游客的特殊魅力。这种文化光环并非仅仅是目的地的自然景观或历史遗迹，更是通过文化营销手段如文化促销、文化支持、文化演绎等，为旅游目的地的旅游业、当地居民或旅游企业带来经济效益。本研究中将文化光环定义为利用一个国家的文化魅力作为旅游目的地的光环效果的一种营销手段。

第二节　旅游目的地品牌资产

一、旅游目的地品牌资产的概念

（一）品牌

品牌概念的最早提出可追溯至20世纪50年代，具体来说是随着Gardner和Sidney在《哈佛商业评论》上发表的《产品与品牌》一文而启动了品牌研究的开端（Gardner B & Sidney J L，1955）。这篇文章标志着对品牌的系统性研究开始引起学术界和商业界的广泛关注。随着时间的推移，品牌理论逐渐演化成为市场营销学理论体系中不可或缺的组成部分。然而，尽管经过半个多世纪的探索，对品牌的定义仍未形成一致的共识。学者们对品牌概念进行了多方面的探讨和总结。Kotler和Armstrong（2009）对品牌的定义强调了品牌的综合性，将其视为由名称、符号、设计、术语、信号或它们的联合体构成的整体。这种综合体的目的在于将特定卖家的商品或服务与其他竞争者的商品或服务区分开来。在商业实践中，品牌被视为一种重要的区分企业产品与竞争对手产品的工具，通过名字、符号、口号等方式进行表达。品牌不仅仅与企业密切相关，还是传达价值观、文化、优势和身份等方面的有力手段（Jung Jieun，2015）。此外，Aaker（1996）也对品牌进行了定义，将其视为一种独特的名称或象征，用以使卖方的商品或服务被视为与竞争对手不同。Aaker和Kotler（1996）都认识到有必要用更为广阔的视角来认识品牌，而不仅仅将其视为一系列物理属性的简单集合。建立品牌的目的在于将企业产品的差异性根植于消费者心中，这需要企业在产品的实质和形式上进行有形和无形方面的努力。Kang SeokJeong（2000）的研究进一步将品牌定义为一种用以与其他产品区分开的图形、文字符号或它们的组合。这种定义突出了品牌作为一种视觉、符号化的表达方式，通过独特的图形、文字符号或它们的组合来区分企业的产品或服务，从而形成独特的品牌形象。

我国的品牌研究起步相对较晚，主要是在改革开放和市场经济发展的背景下逐渐兴起。最初，品牌研究多依附于公共关系学和广告学等领域。直到20世纪末，随着企业识别系统理论的传入，国内的品牌研究才开始蓬勃发展。一些学者在借鉴国外品牌定义的基础上，结合中国的品牌建设实践，提出了适合中国文化和发展特点的品牌定义。例如，卫海英等学者（2003）认为，品牌不仅仅是一个名称、标志或符号，而是一种资产，是一组关系的体现。他们强调真正的品牌应当是基于产品或服务，以关系为核心，将物质、行为和文化三者有机融合的信息载体，是企业和消费者共同拥有的财富。而余明阳（2004）等学者则将品牌定义为公众对组织及其产品认知的总和。他们进一步指出，这一定义可延伸为以下几个要素：品牌将公众置于中心位置，组织与产品是品牌的承载体，品牌的形成源自公众的认知。品牌概念的界定是品牌研究领域发展的基础，因此许多学者对此进行了探讨。尽管目前对品牌的定义尚无一致认识，但强调品牌是一系列区别性要素组合的定义最为普遍。随着中国经济的发展和市场环境的变化，对品牌的理解和研究也在不断深化和拓展。

从上述品牌概念的发展可以看出，学术界对品牌的认识正在不断深化。研究者不再仅将品牌视为促销中的符号，而是已经从更为综合的视角来理解品牌。正如De Chernatony等（1989）提出的，可以从输入和输出的视角来理解品牌，而Aaker（1996）也认为应该同时从供给和需求的视角认识品牌。在输入的视角下，品牌被视为营销者如何通过资源的使用去获得消费者的回应的方式。换言之，企业通过投入资源，如广告、促销等手段，来塑造品牌形象，影响消费者的认知和态度。而在输出的视角下，品牌被理解为消费者如何通过对品牌的解释和使用去提高个人体验的方式。消费者通过与品牌互动，建立个人的品牌体验，并据此做出购买决策和形成品牌态度。从企业经营者的立场来看，品牌是企业运营的关键要素，是实现运营高效率和在竞争中保持优势的重要手段。良好的品牌形象可以增强企业在市场中的竞争力，提升产品或服务的市场地位，从而实现销售增长和盈利提升。而对消费者而言，品牌是可以降低购买风险，最大限度地提高购买效率，被视为了解企业提供的产品或服务的重要途径。根据Lim MyeongJae（2007）的观点，品牌为产品的差异化和价值提供了信任，并激发了消费者的行为和情感。品牌的建立不仅可以增强消费者对产品或服务的信任度，还能够激发他们的购买行为和情感认同，从而对企业产生积极的影响。因此，品牌的重要性不容忽视，它不仅是企业的资产，更是市场竞争中的核心战略之一（Kotler & Gartner，2002）。

（二）品牌资产

品牌资产（brand equity）作为品牌管理的核心概念，在20世纪80年代的出现引起了广泛的营销研究和实践领域的兴趣。它被认为是建立市场竞争优势和差异化市场策略的重要因素。品牌资产的定义涵盖了三个不同的视角，即财务角度、消费者角度和市场角度。在国内外众多研究专家的观点中，这三个角度被广泛用来解析品牌的价值和影响。Aaker从财务的角度界定了品牌资产，将其定义为与品牌、品牌名称和标志相关联的一系列资产和负债，能够增加或减少企业所销售产品或服务的价值。这些资产和负债主要包括品牌忠诚、品牌知名度、感知质量、品牌联想以及其他专属资产（如商标、专利、渠道关系等）五个方面。可以看出，从财务视角界定的品牌资产核心在于清算品牌的社会价值和社会经济效益，正如Biel（1992）所认为的，品牌资产是指潜在的产品和服务在与品牌相联系后所产生的额外现金流，是一种超越了产品、生产、有形资产的额外价值。从财务角度来看，品牌资产是品牌对企业财务表现产生的影响的总称。它反映了品牌对企业经济价值的贡献，包括品牌在市场上的影响力、品牌忠诚度、价格溢价、市场份额等方面的表现。这种视角强调了品牌在企业财务绩效中的作用，是评估品牌投资回报率的重要指标。

由于基于财务视角的观点偏重短期利益，并且难以操作，不利于品牌的长期发展，因此，一些学者开始从市场视角对品牌资产进行定义。Ailawadi（2003）等人认为，品牌资产是指相对于无品牌产品而言，品牌产品为所有者带来的利润增量，可以通过价格溢价进行评价。Yoo（2000）等学者提出，品牌资产可被定义为在产品特性相似的情况下，消费者在选择焦点品牌产品和无品牌产品时所体现出的差异性。消费者对知名品牌具有认知印象，而对非知名品牌则缺乏相似的认知印象。品牌资产被视为嵌入品牌名称的附加价值，能够被消费者感知，并且具备与其他非知名同类产品进行比较的能力。从上述定义看出，基于市场视角的品牌资产概念虽然也注意到了品牌与消费者的关系，但关注的重心仍然是品牌的产出。在品牌资产体系的建构中，引入了市场占有率和品牌的外延价值。品牌资产的市场占有情况决定了其固有价值，而品牌资产的外延价值往往难以预估，只能通过品牌的延伸维度指标进行简单的预估（裴天航，2023）。从市场角度来看，品牌资产是品牌在市场上的整体价值和竞争优势。它反映了品牌在市场上的知名度、影响力、竞争地位以及对目标市场的吸引力。市场角度的品牌资产强调了品牌在市场竞争中的地位和影响力，是企业制定市场战略和品牌定位的重要依据。

随后，2002 年 Keller 团队开始关注品牌资产和消费者之间的特殊关系，并开始引入消费者的态度和认知进行品牌资产的研究。并首次从消费者的角度提出了基于顾客的品牌资产（Consumer-Based Brand Equity）即 CBBE 概念，将其定义为顾客对品牌营销活动的差异化反应，强调品牌知识对于创造品牌资产的关键作用。品牌知识包括品牌知名度和品牌形象两个主要方面，其中品牌形象在 Keller 的表述中体现为品牌联想。在品牌资产相关研究中，品牌知名度、品牌联想、感知质量和品牌忠诚是引用最频繁的维度。Kim 等学者（2008）也同样基于消费者视角界定品牌资产概念，他们指出，品牌资产是指品牌产品为消费者带来的感知价值和效用的增值。基于消费者视角的品牌资产的主要观点是品牌资产的价值属性主要依附于消费者的情感认同，而不仅仅是品牌所生产的产品本身。它体现在对品牌符号的心理认知和感性认同上。如果一个品牌没有得到消费者的认可，就不可能拥有巨大的市场潜力（裴天航，2023）。从消费者角度来看，品牌资产是消费者对品牌的认知、态度和情感的总和。它反映了消费者对品牌的信任程度、忠诚度、满意度以及品牌在消费者心中的地位。消费者对品牌的认知和情感会影响其购买决策和行为，因此，消费者角度的品牌资产对于品牌管理和营销至关重要。

（三）旅游目的地品牌资产

随着研究的不断深入，学者们开始将建立在消费者这一主体之上的品牌资产概念逐渐应用到旅游目的地层面。Konecknik 和 Gartner 等学者在此方面做出了重要贡献。他们将旅游目的地品牌资产定义为决定目的地品牌价值的所有因素或维度的集合。这些因素或维度涵盖了多个方面，包括但不限于目的地的知名度、声誉、特色景点、文化遗产、自然环境、服务质量、游客满意度等。旅游目的地品牌资产是塑造和传播目的地形象的关键要素，对于吸引游客、提升游客体验、增强目的地竞争力和促进旅游业可持续发展具有重要意义。在旅游目的地层面，品牌资产的建立和管理不仅涉及目的地本身的实际情况和特点，还需要考虑到游客的认知、态度和体验等方面。因此，旅游目的地品牌资产的构建需要综合考虑目的地的实际资源、管理水平、营销策略以及游客的需求和期望，以确保目的地品牌的独特性、吸引力和竞争优势。

Kim 等（2009）的观点强调了将目的地品牌资产纳入旅游者消费决策情境的重要性。在这个视角下，目的地品牌资产被视为影响旅游者选择特定目的地的一个关键因素。根据他们的研究，目的地品牌资产能够吸引旅游者前往某个目的地旅游，并对其目的地选择产生影响。他们认为，基于消费者的目的地品牌资产不仅是衡量目的地定位能否成功实现预期品牌识别的指标，而且也是预测未来绩效的关键指标。在旅游者消费决策中，目的地品牌资产扮演着重要角色。旅游者往往会根据目的地的品牌形象、声誉、特色景点、文化氛围、服务质量等因素来进行选择。一个具有积极、吸引人的品牌形象的目的地往往更容易吸引游客，从而增加旅游业的收入和盈利能力。因此，了解和有效利用目的地品牌资产对于目的地管理者和营销者来说至关重要。

Kwon SangMi（2009）将旅游目的地品牌资产视为品牌营销活动中品牌知识对游客反应的不同效应，主要包括品牌认知、品牌联想形象、感知质量和品牌忠诚度等维度构成。这一观点凸显了品牌资产在塑造游客对旅游目的地品牌反应方面的重要性，并提供了一个有益的理论框架来理解旅游目的地品牌资产的影响力和效果。从品牌认知、品牌联想形象、感知质量和品牌忠诚度等维度来看，旅游目的地品牌资产在旅游者心中的地位至关重要。品牌认知反映了游客对目的地的认知程度和了解程度，品牌联想形象则体现了游客对目的地所持有的情感和态度。感知质量则是游客对目的地提供的服务、设施、景观等方面的感受和评价，而品牌忠诚度则表明游客对目的地的忠诚和持续选择的意愿。他认为这些维度构成了旅游目的地品牌资产的核心要素，直接影响着游客的旅游决策行为和体验感受。通过深入理解和有效管理这些品牌资产维度，目的地管理者和营销者能够更好地塑造和提升目的地的品牌形象，吸引更多游客的关注和选择。

Kim HyeJin（2010）将旅游目的地的品牌资产定义为一种综合意义的象征，通过识别竞争者的商品或服务，以商标或标记来区分，并评价游客是否值得前往。这一观点强调了品牌资产在区分目的地之间的差异性以及反映提供的服务特性的重要性。他认为旅游目的地的品牌资产不仅仅是一个简单的商标或标记，而是一种综合的象征，代表着目的地所具有的独特性、特色和价值。它是游客对目的地的认知和评价的重要依据，能够有效地区分目的地与竞争对手之间的差异，引导游客做出选择。Lee Jeongeun（2011）则将旅游目的地品牌资产定义为旅游目的地的无形价值，具有差异化效应，通过多种旅游营销沟通形成，从而获得竞争优势。这一定义突出了品牌资产在塑造景区竞争力和吸引力方面的作用，强调了品牌在旅游业中的战略价值。品牌资产的重要性在于它不仅仅是景区的一个标识或商标，更是整个旅游业竞争中的战略性利器。通过建立和提升品牌资产，旅游目的地可以在市场上获得更高的知名度和美誉度，吸引更多游客的到访，进而实现经济效益和社会效益的双赢。Yoon HyeonHui（2013）将品牌资产定义为与其他旅游目的地区别开来的独特之处，包括名字或象征物、价值或旅游服务的无形价值的集合。这一定义同样也突出了品牌资产在旅游目的地差异化和吸引力方面的作用。这种独特的品牌资产是旅游目的地在市场竞争中脱颖而出的关键因素。通过巧妙地塑造品牌形象，突出自身的优势和特色，旅游目的地可以在激烈的市场竞争中占据一席之地。Shin SeongYong（2012）将旅游目的地品牌资产定义为地区居民和游客对旅游目的地旅游资源的认知形象。这意味着旅游目的地的品牌资产不仅仅是由市场营销活动或宣传所塑造的形象，而更重要的是来自地区居民和游客对旅游资源的认知和评价。这种认知形象影响着游客对目的地的选择和态度，因此在塑造旅游目的地品牌形象时，需要考虑和引导这些认知形象的建构。Kim HyoungGil 和 Kim Yoon Jung（2012）认为旅游目的地品牌资产是城市居民、游客、投资者感知的价值，包括与其他地区不同的城市环境、历史文化、服务和基础设施水平等。这种定义强调了品牌资产的多维度特性，不仅包括了旅游资源的物质方面，还包括了与之相关的服务水平和城市环境等无形因素。这些价值的感知对于旅游目的地的品牌建设至关重要，因为它们直接影响着游客和投资者的决策行为。Choi JiYoung（2015）将旅游目的地品牌资产定义为与其他地区的差异化价值。这种价值不仅仅指的是该地区所特有的物质资源，还包括了独特而有吸引力的无形资产。这种差异化的价值是旅游目的地在竞争激烈的市场中脱颖而出的关键因素，通过突出这些独特的价值，旅游目的地可以吸引更多游客的到访，并建立起具有竞争力的品牌形象。Kang Hwa（2017）将旅游目的地品牌资产定义为刺激游客反应的差异化效果，这种游客反应源于旅游目的地通过一系列营销活动所形成的品牌知识。这一观点强调了品牌知识在塑造旅游目的地形象和吸引力方面的作用，认为有效的营销活动可以为目的地创造出与其他竞争对手不同的独特价值和体验。具体来说，旅游目的地通过品牌知识的传播，能够在游客心中形成特定的印象和认知，从而引发出他们对该目的地的积极反应，包括选择前往、愿意支付更高价格以及对目的地有更深层次的情感联系等。Lee JongYeol（2017）表示，与其他旅游目的地相比，能够持续获得差异化优势的品牌所积累的卓越差别化价值总和被称为品牌资产。这一观点突出了品牌资产在塑造旅游目的地竞争优势和吸引力方面的重要性，强调了品牌资产作为一个关键概念，用于衡量和评估目的地在市场中的地位和表现。品牌资产的持续积累和差异化优势不仅需要依靠有效的营销活动和品牌管理策略，还需要基于目的地的独特价值和体验，以满足游客的需求和期待，从而在市场竞争中脱颖而出。

学者们对旅游目的地品牌资产的概念进行了多方面的探讨，尽管各自的定义和观点有所不同，但大部分研究都受到了 Aaker（1991）和 Keller（1993）关于基于消费者的品牌资产的启发和影响（见表 2-3）。这表明了旅游目的地品牌资产领域的研究具有相对较新的发展，需要更多深入探讨和系统研究来明确和界定这一概念。本研究以 Park SunCheon（2013）、Choi JiYoung（2015）、Lee JongYeol（2017）等先行研究为基础，将旅游目的地品牌资产定义为旅游目的地借助于品牌化营销活动的开展，使旅游者对目的地品牌的态度、情感和行为产生相对于竞争地的差异化反应，从而让旅游者轻易识别和区分旅游目的地品牌，塑造旅游者独特体验的无形资产。

表 2-3 旅游目的地品牌资产的概念

研究者	概念
Konecknik 和 Gartner 等（2007）	决定目的地品牌价值时的所有因素或维度的集合
Kim 等（2009）	不仅是衡量目的地定位能否成功实现预期品牌识别的指标，而且也是预测未来绩效的关键指标
Kwon SangMi（2009）	品牌营销活动中品牌知识对游客反应的不同效应，主要包括品牌认知、品牌联想形象、感知质量和品牌忠诚度等维度构成
Kim HyeJin（2010）	一种综合意义的象征，通过识别竞争者的商品或服务，以商标或标记来区分，并评价游客是否值得前往
Lee Jeongeun（2011）	旅游目的地的无形价值，具有差异化效应，通过多种旅游营销沟通形成，从而获得竞争优势
Yoon HyeonHui（2013）	与其他旅游目的地区别开来的独特之处，包括名字或象征物、价值或旅游服务的无形价值的集合
Shin SeongYong（2012）	地区居民和游客对旅游目的地旅游资源的认知形象
Kim HyoungGil 和 Kim Yoon Jung（2012）	城市居民、游客、投资者感知的价值，包括与其他地区不同的城市环境、历史文化、服务和基础设施水平等
Choi JiYoung（2015）	与其他地区的差异化价值。这种价值不仅仅指的是该地区所特有的物质资源，还包括了独特而有吸引力的无形资产

续表

研究者	概念
Kang Hwa（2017）	刺激游客反应的差异化效果，这种游客反应源于旅游目的地通过一系列营销活动所形成的品牌知识
Lee JongYeol（2017）	与其他旅游目的地相比，能够持续获得差异化优势的品牌所积累的卓越差别化价值总和被称为品牌资产

二、旅游目的地品牌资产的构成维度

从旅游消费者的角度考察目的地品牌资产的驱动因素对目的地管理者实现资源的最优配置至关重要。基于消费者的目的地品牌资产包含哪些维度或驱动因素成为该领域研究的重要内容。从目前关于基于消费者旅游目的地品牌资产的研究成果来看，学者们基本借鉴了 Aaker（1991）和 Keller（2001）所提出的品牌资产构成维度。Aaker（1991）开创了品牌资产模型构建的先河，将品牌资产分为品牌知名度（Brand Awareness）、品牌联想（Brand Association）、品牌忠诚度（Brand Loyalty）、感知质量（Perceived Quality）和其他专属资产（Other Proprietary Brand Assets）五个维度，该模型涵盖了品牌资产研究的核心内容，成为许多学者和企业经营者所引用和采用的重要模型。这一模型重点梳理了品牌形象、品牌符号和品牌资产之间的互动关系，但模型结构呈现出扁平化的趋势，没有清晰阐明各个要素之间的逻辑关系，也没有对各个要素的权重指标进行建构。因此，Aaker 在之前研究的基础上，于 1996 年提出了品牌资产十要素模型。这一模型中，品牌忠诚度包含溢价和满意度两个要素指标；品牌联想包含感知价值与企业组织联想两个要素指标；市场行为反应维度包括市场价格与市场份额两个要素指标；品牌知名度包括品牌影响力和品牌认知两个要素指标；品牌质量认为维度包含品质感知和品牌领导力两个要素指标。这为我们提供了更为全面和准确的评价体系，对后续品牌资产研究产生了较大的影响。

Keller（1993）则最早从消费者的角度提出了品牌资产的模型，他认为品牌资产的核心是品牌知识的形成，而品牌知识具体由品牌知名度和品牌形象两个维度构成。品牌知名度指的是消费者对品牌的记忆和识别反应，包括品牌回忆和品牌识别两个要素。品牌形象是存在于消费者记忆中的一组与某个品牌相关联的联想，反映对该品牌的认知。品牌形象主要由品牌联想的类别、品牌联想的强度以及品牌联想的独特性构成。Keller 列出了品牌知识的构成维度及每一个维度评价的目的，但并未指出这些维度之间的关系，也未对模型进行实证检验。基于上述研究，Keller 在 2001 年又提出了品牌资产的四个构成维度，即品牌本体（Brand Identity）、品牌含意（Brand Meaning）、品牌反应（Brand Responses）、品牌关系（Brand Relationships），具体通过以下六个要素实现：品牌显著性、品牌绩效、品牌形象、消费者评判、消费者情感和消费者共鸣。与以往的研究不同的是这一模型中的各个维度不是并列的，而是依据消费者的认知逻辑存在着先后关系。也就是说，只有先建立了品牌识别，才能发展品牌内涵；随着品牌内涵的发展，才能产生品牌反应；而有了适当的品牌反应之后，消费者与品牌之间的关系才能形成。这一模型将品牌资产与品牌建设过程紧密结合，品牌管理者可以通过这一模型了解自身在四个阶段四个要素中的优劣势，以便结合品牌建设目标强化自身品牌。Yoo 和 Donthu（2001）以 Aaker 模型为基础，通过实证检验，提出感知质量、品牌忠诚和品牌联想是品牌资产的构成维度，在其研究中还发现，品牌资产不同维度间存在潜在的因果关系，并且在不同文化背景下，品牌资产各维度的重要性也具有差异。

对于旅游目的地品牌资产的研究，学者们主要集中在构建品牌资产的维度和概念框架上，而非深入探讨品牌资产的概念本身。早期的研究主要采用真实目的地作为案例，运用扎根理论方法、访谈法等进行探讨，从而构建了旅游目的地品牌资产的多维度框架。以下是关于旅游目的地品牌资产维度的一些主要成果：Konecnik 和 Gartner（2007）以德国和克罗地亚为研究案例地，将旅游目的地品牌资产分为品牌知名度、品牌形象、感知质量、品牌忠诚。Boo 等学者（2009）以拉斯维加斯为研究案例地，提出目的地品牌知名度、品牌形象、感知质量、品牌体验、品牌价值、品牌忠诚等维度是旅游目的地品牌资产的构成维度，发现品牌知名度通过影响品牌体验和品牌价值影响品牌忠诚。Pike（2009）以澳大利亚昆士兰州布里斯班为例，将品牌显著、品牌联想、品牌忠诚作为旅游目的地品牌资产的驱动因素，Gartner 和 Ruzzier（2011）针对到访欧洲斯洛文尼亚的德国游客，将旅游目的地品牌资产分为品牌形象、品牌知名度、感知质量、品牌忠诚度四个维度，验证了品牌形象和质量在游客对旅游目的地的评价中扮演着最重要的角色。Gomez 等学者（2015）以西班牙葡萄酒目的地为例，提出品牌知名度、品牌忠诚、品牌价值是旅游目的地品牌资产的构成维度，Zavattaro 等（2015）

以美国南部为研究案例地，以管理者为样本对象，研究了旅游目的地品牌资产的构成维度是品牌知名度、感知质量、品牌联想、品牌忠诚。Jamilena 等（2016）以西班牙为例，验证了旅游目的地品牌资产的构成维度为品牌知名度、感知质量、品牌形象、品牌忠诚度、品牌价值。Tasci ADA（2018）验证了旅游目的地品牌资产的构成维度是品牌熟悉度、品牌形象、交易价值、感知质量、品牌价值、品牌忠诚。Kotsi 等（2018）以迪拜为案例地，验证了品牌知名度、品牌形象、感知质量、品牌价值、品牌忠诚是构成维度。

韩国学者也对旅游目的地资产的构成维度做了大量的研究。Chang IlRye（2010）针对访问地方自治团体的游客，研究了旅游目的地品牌资产的构成维度对游客喜爱度的影响。他将品牌资产分为品牌识别、品牌形象、品牌质量、品牌忠诚度四个维度，并发现这四个维度均对到访该地区的游客喜爱度产生了影响。Kang Sungil 等（2010）则针对到访济州地区的游客，将品牌知名度、品牌形象、感知质量作为品牌资产的构成维度，也验证了各维度对目的地喜好度的积极影响。Lee Jeongeun（2011）提出旅游目的地品牌资产有品牌知名度、品牌价值、感知质量、品牌联想四个维度。Kang NaYeon（2012）将品牌形象、品牌知名度、感知质量作为旅游目的地品牌资产的构成维度，调查了首尔品牌资产提升的重要因素，Shin HyeonSik 和 Kim ChangSoo（2011）同样将这三个维度作为旅游目的地品牌资产的构成维度，检验了区域吸引力对目的地品牌资产的影响关系。Park SunCheon（2013）也以品牌知名度、品牌形象、感知质量为构成要素，探讨了庆典举办地品牌资产与品牌忠诚度之间的影响关系。

Choi JiYoung（2015）也提取这个三维度对旅游目的地文化营销与品牌资产、满意度间的关系进行了研究。Yoon HyeonHui（2013）认为乡村旅游目的地品牌资产主要由品牌形象、品牌认知度、感知质量与感知价值四个维度构成，并发现品牌形象与感知质量对亲环境行动意图有正向影响。Shin SeongYong（2012）以釜山为对象，验证了旅游目的地品牌资产与营销之间的影响关系，并提取了品牌认知度、品牌联想、感知质量、品牌忠诚度四个维度。Kim JeongJun 和 Lim KyungHwan（2016）则将旅游目的地品牌资产分为品牌形象、品牌认知度、品牌价值、品牌质量四个构成维度，分析了节庆游客的品牌态度对品牌资产和品牌忠诚度的影响。

国内学者对此也进行了深入探讨，黄洁（2012）以浙江风景名胜区为研究对象，以高校大学生为研究样本，运用扎根理论，探索出短途旅游者视角下的浙江省国家级风景名胜区品牌资产的构成主要包括区位条件、核心品质、品牌形象、品牌支持、感知价值、品牌忠诚、品牌知名度七个维度。郭永锐与陶犁（2013）则以访问香格里拉旅游区的国内游客为例探讨旅游目的地品牌资产模型的构建与应用，分析发现品牌认知、品牌联想、感知质量、感知价值和品牌关系是旅游目的地资产的构成维度，并指出五个维度间存在着显著的影响关系，其中品牌关系是品牌资产构成的最重要的维度。刘丽娟与吕兴洋（2016）构建了包含区域形象、目的地品牌知名度、品牌形象、感知质量、品牌忠诚五个维度的旅游目的地品牌资产模型，发现这些维度存在着特定的路径关系。沈鹏熠（2014）从目的地形象视角构建了旅游目的地品牌资产的形成机理模型，发现品牌知名度、品牌质量、品牌信任、品牌价值和品牌忠诚是构成旅游目的地资产的关键维度，而且各维度之间存在因果联系。许春晓与莫莉萍（2014）以凤凰古城为例，将品牌知名度、品牌形象、品牌质量、品牌价值、品牌忠诚作为旅游目的地资产的维度构建了旅游目的地品牌资产驱动因素结构模型，发现品牌知名度、品牌形象、品牌质量通过品牌价值与品牌忠诚对旅游目的地品牌资产产生了显著的积极影响。

胥兴安等（2015）以丽江为例，用品牌知名度、品牌形象、感知质量、品牌忠诚四个维度来测量目的地品牌资产，并发现网络负面口碑对品牌忠诚的影响最大，对品牌知名度的影响最小。苑炳慧与辜应康（2015）通过深度访谈和扎根理论对旅游目的地品牌资产的结构维度进行了研究，将品牌意识、品牌形象、感知质量、品牌体验、品牌联想和品牌忠诚六个维度确定为旅游目的地资产的构成维度，并提出品牌形象和品牌体验是更符合旅游目的地特点的新维度。沈雪瑞等（2016）从目的地品牌知名度、品牌形象、感知质量、品牌忠诚作为旅游目的地资产的构成维度分析了名人代言对旅游目的地品牌资产的研究。旅游目的地品牌资产的构成维度相关研究如表 2-4 所示。

表 2-4　旅游目的地品牌资产的构成维度

研究者	概念
Aaker（1991）	品牌知名度（Brand Awareness）、品牌联想（Brand Association）、品牌忠诚度（Brand Loyalty）、感知质量（Perceived Quality）和其他专属资产（Other Proprietary Brand Assets）
Keller（2001）	品牌本体（Brand Identity）、品牌含意（Brand Meaning）、品牌反应（Brand Responses）、品牌关系（Brand Relationships）
Konecnik 和 Gartner（2007）	品牌知名度、品牌形象、感知质量、品牌忠诚

续表

研究者	概念
Boo 等（2009）	品牌知名度、品牌形象、感知质量、品牌体验、品牌价值、品牌忠诚等
Pike（2009）	品牌显著、品牌联想、品牌忠诚
Gartner 和 Ruzzier（2011）	品牌形象、品牌知名度、感知质量、品牌忠诚度
Gomez 等（2015）	品牌知名度、品牌忠诚、品牌价值
Zavattaro 等（2015）	品牌知名度、感知质量、品牌联想、品牌忠诚
Jamilena 等（2016）	品牌知名度、感知质量、品牌形象、品牌忠诚、品牌价值
Tasci ADA（2018）	品牌熟悉度、品牌形象、交易价值、感知质量、品牌价值、品牌忠诚
Kotsi 等（2018）	品牌知名度、品牌形象、感知质量、品牌价值、品牌忠诚
Chang IlRye（2010）	品牌识别、品牌形象、品牌质量、品牌忠诚度
Kang Sungil 等（2010）	品牌知名度、品牌形象、感知质量
Lee Jeongeun（2011）	品牌知名度、品牌价值、感知质量、品牌联想
Kang NaYeon（2012）	品牌形象、品牌知名度、感知质量
Shin HyeonSik 和 Kim ChangSoo（2011）	品牌形象、品牌知名度、感知质量
Park SunCheon（2013）	品牌知名度、品牌形象、感知质量
Choi JiYoung（2015）	品牌形象、品牌知名度、感知质量
Yoon HyeonHui（2013）	品牌形象、品牌认知度、感知质量与感知价值
Shin SeongYong（2012）	品牌认知度、品牌联想、感知质量、品牌忠诚度
Kim JeongJun 和 Lim KyungHwan（2016）	品牌形象、品牌认知度、品牌价值、品牌质量
黄洁（2012）	区位条件、核心品质、品牌形象、品牌支持、感知价值、品牌忠诚、品牌知名度
郭永锐与陶犁（2013）	品牌认知、品牌联想、感知质量、感知价值、品牌关系
刘丽娟与吕兴洋（2016）	区域形象、目的地品牌知名度、品牌形象、感知质量、品牌忠诚
沈鹏熠（2014）	品牌知名度、品牌质量、品牌信任、品牌价值和品牌忠诚
许春晓与莫莉萍（2014）	品牌知名度、品牌形象、品牌质量、品牌价值、品牌忠诚
胥兴安等（2015）	品牌知名度、品牌形象、感知质量、品牌忠诚
苑炳慧与辜应康（2015）	品牌意识、品牌形象、感知质量、品牌体验、品牌联想、品牌忠诚
沈雪瑞等（2016）	目的地品牌知名度、品牌形象、感知质量、品牌忠诚

梳理以上先行研究发现，品牌知名度、品牌形象和感知质量是最频繁使用的维度。因此，本研究将旅游目的地品牌资产的构成维度分为品牌知名度、品牌形象和感知质量。

（一）品牌知名度

品牌知名度是指消费者认识到或记起某个品牌是某类产品的能力。作为旅游目的地品牌资产的构成要素，它对消费者购买决策产生重要的影响（Lyu JaeSuk，2009）。品牌认知度帮助消费者重新认识或回忆特定品牌或产品（Kim JaegYun，2016），Chang JunSu 等（2011）将品牌知名度定义为消费者对品牌的认知与联想能力，包括品牌名称、象征、包装、颜色等要素。品牌可以创造出独特而积极的联想，从而在消费者心中建立品牌形象和价值的共鸣，这种强大的品牌联想可为消费者提供对产品的亲密感和可靠性，增加了他们购买的可能性（Vranesevic & Stancec，2003）。也就是说，认知度是品牌联想和品牌态度形成的重要前提条件，通过品牌认知度可以产生强大的品牌力量，从而提高市场份额（Kim SangRyul & Lee Jeong，2009）。Lee SeongHui（2016）认为品牌认知度是消费者对企业品牌分辨与联想的程度，突出了消费者对品牌的辨识和对品牌相关联想的重要性。Park SuMi（2017）则将其定义为消费者对品牌商标或形象的记忆能力，更多的是强调消费者对品牌标识和形象的记忆程度。So JaeMin（2017）也从品牌联想的角度定义品牌知名度，认为消费者对品牌的认识以及相关的各种联想的程度就是品牌知名度。品牌知名度与品牌质量和信赖之间存在紧密关系，即消费者对品牌有较高的认知度，往往会更容易信任该品牌的质量服务，而高品牌认知度有助于消费者形成对品牌的积极态度和购买意愿，因为消费者更倾向于选择他们熟悉和认可的品牌。因此，品牌知名度是企业在竞争激烈的市场中建立竞争优势的重要因素，较高的品牌知名度可以帮助品牌在消费者心中占据更重要的位置，是品牌资产形成的必要条件（Park SeonghYeon，2012）。品牌知名度是消费者对品牌的识别、记忆和联想程度的体现，不同学者有略微不同的定义和理解。然而，他们都认为品牌知名度与品牌质量和信赖之间存在紧密联系，能够影响消费者的购买决策和品牌忠诚度。

旅游目的地的品牌知名度是指游客对特定旅游目的地的认知程度，包括对其地理位置、景点、文化特色、服务质量等方面的了解。这种认知度直接影响游客选择该目的地的意愿和概率，是旅游目的地品牌资产的重要组成部分（Buhalis，2000）。Cho EunMi（2010）提出的关于旅游目的地品牌知名度的定义是游客在选择特定目的地时，能够回想起该地的能力，并且能够将其与其他旅游地区进行区分的程度。这一定义突出了游客对于旅游目的地的记忆和辨识能力在决策过程中的重要性。具体来说，旅游目的地的品牌知名度不仅仅是游客是否能够记得该地，还包括他们能否将其与其他类似的目的地进行对比，并最终做出选择的能力。这种对于目的地的回忆和辨识能力直接影响了游客的选择行为，因此是旅游目的地品牌资产中至关重要的一个方面。Lee Jeongeun（2011）认为品牌知名度是对旅游目的地了解的程度，即游客对于特定目的地的了解程度，能够将其与最先想到的其他目的地进行区分的程度。Shin Dong Ju（2013）以访问过奥林匹克运动会的举办地平昌的游客为研究对象，将品牌知名度定义为游客对于旅游目的地的了解程度以及他们将该地与其他举办目的地进行区分的能力。这一定义是从旅游目的地在举办大型国际活动后的知名度提升效应角度提出的。Yoon Hyeon Hui（2013）则将品牌认知度定义为游客对特定旅游目的地的了解程度，并且具备将该目的地与其他地区区分开来的意识。品牌认知度在这里被理解为游客对于旅游目的地的整体印象和了解程度，而这种印象和了解不仅限于表面层次的信息，还包括对于目的地独特之处的认知和理解。

尽管各学者可能侧重点不同，有的注重了解程度，有的强调区分能力，但他们都指出了品牌知名度是旅游目的地品牌资产的一个重要组成部分。这种共同之处反映了品牌知名度在影响游客旅游选择行为和目的地形象塑造方面的核心作用。因此，尽管存在差异，但以上定义都为我们理解和评估旅游目的地品牌知名度提供了有益的参考和视角。本研究将品牌知名度定义为旅游者对旅游目的地的了解程度，表现为旅游者对旅游目的地品牌的识别和区分能力。

（二）品牌形象

品牌形象自 20 世纪 50 年代早期以来一直被视为消费者行为研究中的一个重要概念。品牌形象指的是消费者对于某个品牌的整体印象和认知，这包括了消费者对于品牌的知觉、情感和态度等方面的认知和体验。品牌形象的建立和塑造是品牌管理和营销中至关重要的一环，因为它直接影响了消费者对于品牌的认可程度、忠诚度以及购买行为。在品牌形象的构建中，品牌经常通过广告、促销、产品设计、品牌故事等方式来传递自己的核心价值观和特征，从而塑造消费者对品牌的整体认知和印象。消费者在接触到品牌的各种信息和体验后，会形成对品牌的独特认知，这种认知就构成了品牌的形象。随着时间的推移，品牌形象的研究逐渐深入，不仅包括了消费者对品牌外在特征的认知，还包括了消费者对品牌背后的故事、品牌文化、社会责任等方面的认知。因此，品牌形象作为消费者行为研究中的重要概念，一直受到学者和市场从业者的关注和重视。

Jang Byeong Ju 等（2011）将品牌形象定义为消费者对品牌的信念和态度，是消费者对产品和企业涉及的多种信息的主观而又客观联想的集合性总体。这些联想包括了与产品相关联的各种信息，可以是直接获得的，也可以是间接获得的。品牌形象是消费者心理结构的一部分，是对品牌的认知和态度的综合体现。这一定义强调了品牌形象的综合性和集合性，它不仅仅包括了消费者对于品牌的认知，还涉及消费者对于品牌相关信息的情感态度和信念。品牌形象不仅受到品牌直接传递的信息影响，还受到消费者通过各种途径获得的品牌信息的影响，包括广告、口碑、产品体验等。因此，品牌形象作为消费者对于品牌的心理结构体系，在消费者行为研究中具有重要的理论和实践意义。Jung Jieun（2018）的研究将品牌形象定义为对游客的情感感受及感知判断等品牌联想所表现的品牌认知。这一定义强调了品牌形象与游客情感和感知之间的密切关系。品牌形象不仅仅是游客对于品牌的认知，还包括了他们在情感上的体验和在认知上的判断。Park UnSeo（2018）认为品牌形象是从消费者的品牌体验中形成的，是品牌联想所反映的复合感知。这一定义强调了品牌形象的形成是基于消费者的实际体验和对品牌的感知。品牌形象不仅仅是单一的认知，而是由多种感知要素所组成的复合性体验。这些感知要素可以包括消费者的情感体验、认知评价、品牌联想等，共同构成了对品牌的综合印象。这一定义突出了品牌形象与消费者体验之间的紧密联系，强调了消费者在与品牌互动过程中形成的综合感知对于品牌形象的塑造作用。因此，品牌形象的建立不仅需要品牌传播和营销的努力，还需要品牌在实际交互中给消费者带来积极的体验和感受。

将品牌形象应用在旅游目的地上时，可以将其视为游客对特定旅游地联想的集合。这些联想包括了游客对于旅游地的各种感受和印象，反映了旅游地本身所具有的特质和特点。品牌形象不仅包括了游客对于旅游地的认知，还包括了他们在感知和情感上的体验（Cho Eun Mi，2010）。具体来说，旅游目的地的品牌形象可以被看作是游客对于该地干净、熟悉、特别的感受相关的概念。这些感受包括了对于旅游地环境的清洁程度、对于当地文化和风土人情的熟悉度以及对于旅游地独特之处的特别感受。品牌形象反映了游客对于旅游目的地的整体印象和认知，是游客在选择旅游目的地时的重要考量因素之一（Yoon HyeonHui，2013）。Chang IlRye（2010）将品牌形象定义为游客对旅游目的地的感知判断及情感感受等记忆中所有联想的集合。他强调了品牌形象是游客对旅游目的地感知和情感体验的综合反映，包括了所有与目的地相关的联想和印象。Lee JongYeol（2017）将品牌形象定义为包括认知元素和品牌联想在内的，被人们铭记在记忆之中的受到广泛认可的结合体的总和。这一定义综合了认知和情感元素，强调了品牌形象是被人们记忆并认可的，同时具有深受青睐特质的综合体。这些定义共同强调了品牌形象是游客对旅游目的地的认知、情感和联想的综合体，反映了旅游目的地在游客心中的整体印象和价值。品牌形象的建立和塑造需要综合考虑认知和情感因素，通过提供优质的服务、打造独特的体验、加强市场推广等方式，努力塑造积极的品牌形象，从而提升旅游目的地的吸引力和竞争力。因此，旅游目的地的品牌形象对于旅游业的发展和营销至关重要。通过塑造积极的品牌形象，旅游目的地可以吸引更多游客，提升其竞争力和市场地位。同时，品牌形象的建立也需要旅游目的地在服务质量、宣传推广、目的地管理等方面进行综合性的努力，以确保游客能够获得良好的旅游体验，从而进一步加强品牌形象的积极性和持久性。

品牌形象是消费者对品牌的认知和情感体验的综合反映，是消费者对品牌的整体印象。不同学者对品牌形象的定义有所不同，但都强调了品牌形象对消费者行为和品牌成功的重要性。本研究结合前期学者的研究，将品牌形象定义为旅游者对旅游目的地品牌所产生的整体印象和感受。

（三）感知质量

感知质量可以被定义为消费者对品牌或产品的卓越性或优越性的评价（Keller，1998）。Yoo Se Ran 和 Ko JaeYoun（2018）进一步解释，感知质量指的是消费者对品牌或产品的主观情感和可靠性，它代表了消费者对于产品或品牌整体质量的感知。换言之，感知质量是消费者对产品或服务整体质量的主观评价和体验。从这个角度来看，尽可能减少消费者感知质量与实际质量之间的差异是非常重要的。因为消费者的感知质量直接影响着他们对品牌或产品的态度、忠诚度以及购买决策。因此，企业需要努力确保产品或服务的实际质量与消费者的感知质量之间尽可能一致，以满足消费者的期望，提高品牌的竞争力和市场地位。高感知质量的产品或服务能够为消费者提供更高的价值。当消费者认为某品牌或产品的质量优越时，他们更愿意选择该品牌或产品，这为企业创造了竞争优势。这种竞争优势来自品牌或产品在市场中与竞争对手的差异性，消费者愿意为高质量的产品或服务支付更高的价格，从而提高了企业的销售额和利润。此外，高感知质量还可以增强消费者对品牌或产品的忠诚度，促使他们做出积极的口碑传播和推荐，进一步促成实际购买行为。因此，通过提供高感知质量的产品或服务，企业可以实现与竞争对手的差异化定位，赢得消费者的信任和支持，获得持续的竞争优势（An Seonhong，2017）。

感知质量在旅游目的地的应用是指游客对旅游目的地提供的各种旅游产品和服务的整体优越性的评价（Lee Jeongeun，2011）。Yoon HyeonHui（2013）将旅游目的地的感知质量定义为游客对旅游目的地提供的便利设施、住宿设施以及从业人员服务等方面的优秀程度。根据 Park SunCheon（2013）的研究，游客所感知的旅游目的地感知质量被定义为对整体旅游目的地品质或卓越性的感知。这种感知是游客主观判断的结果，游客会根据自己的感受和认知来评价旅游目的地的品质，进而决定是否喜欢或被吸引前往该景区。我们从以上概念可以看出，感知质量在游客心目中的重要性。它不仅反映了旅游目的地提供产品和服务的优越性，还包括了游客对于旅游目的地的整体印象和评价。游客对旅游目的地质量的感知直接影响着他们对目的地的态度、行为和忠诚度（Lee JiWon，2017）。因此，旅游目的地相关部门管理者需要注重提升目的地的整体质量，以满足游客的需求和期望，增强旅游目的地的竞争力和吸引力，从而提升游客对该旅游目的地的感知质量。学者们对感知质量的定义各有侧重，但都涵盖了游客对旅游目的地提供的产品、服务和整体品质的评价。本研究将感知质量定义为旅游者对目的地旅游产品或服务质量的总体主观评价。

第三节　地方依恋

一、地方依恋的概念

依恋（attachment）一词主要用于描述人类在亲密关系中对特定对象的爱意或联系的心理状态。最初，依恋一词主要用于描述子女与父母、家人或朋友之间的关系，但近年来，这一概念已经被应用到人类与环境之间的关系中（Han JiHun，2011）。地方依恋（place attachment）源自社会科学领域中的环境心理学。地方依恋的概念最早由 Williams（1989）提出，他强调了个体与特定地点之间情感上的联结。地方依恋在不同语境中的含义不尽相同。在旅游学研究中，地方依恋通常被理解为游客与某个地方的情感联系及由此产生的一种归属感，这意味着个体对特定地点有着情感上的认同和依恋，将其视为自己的一部分，并且感受到在该地方的归属感。地方依恋还涵盖了人与地点之间由于地理互动及心理互动等原因产生联系的过程。这一概念的理解对于探究游客与特定地点之间的关系、理解游客行为以及旅游目的地管理具有重要意义。随着时间的推移，地方依恋这一概念受到了越来越多学者的关注和研究，其概念也在不断被进一步界定和理解。

Yuksel，Yuksel 和 Bilim（2010）认为人与地方之间的反复互动可以促使个体与特定环境或场所建立情感联系。这种情感联系会激发潜藏的记忆，并带来与特定地点形象的一致。这种人与特殊场所之间的情感联系被称为地方依恋。杜宗斌、苏勤等（2013）提出地方依恋是指个体与特定地方之间建立起的一种情感联结，这种情感联结表达了人们愿意留在某地方，并感到舒适和安全的心理状态，这意味着地方依恋是个体对特定地方的情感认同和归属感，是对该地方的喜爱和倾向以及对该地方的舒适和安全感的体验。这一界定突出了地方依恋作为个体与特定地方之间情感联系的重要性，它不仅仅是情感上的联系，还表达了个体对于该地方的认同和愿意留存的态度。因此，地方依恋是一个人与特定地方之间的心理状态，是个体与地方之间的亲密关系的体现。Raymond，Brown 和 Weber（2010）指出地方依恋不仅仅指的是人与特定地点之间因互动而产生的功能性联系，还包括了人与特定地点之间的情感联系。这意味着通过与特定地点的反复互动，个体会形成与该地点相关的功能性联系，同时也会建立起与该地点的情感或情感联系，表现为个体对该地点的喜爱、认同和归属感。韩国学者 Han JiHun（2011）则将这种情感联系表达为对场所的归属感、对场所的忠诚度、对地区的喜爱度等。他将这种情感联系定义为对选择和体验特定旅游活动过程中发生的地点的热爱。这一定义强调了个体对于特定地点的情感投入和情感联结，包括了对地点的归属感、忠诚度以及对地点的喜爱程度等方面的体验。Park Deukhui（2015）则认为地方依恋是游客亲自参观或体验某个特定地区所形成的情绪、感情和喜爱度。Jae SangHo（2016）将地方依恋定义为团体或个人对某一特定场所所感受到的情感纽带，将自身及其特定地点等同，形成强烈的心理依恋。这意味着个体或团体对特定地点怀有强烈的情感联系，将该地点视为自己的一部分，并且对该地点怀有热爱之心。因为对特定地点怀有热爱之心的游客对该景点的忠诚程度高，而且具有不易前往其他旅游目的地的特性。这表明，对特定地点的热爱是旅游目的地管理中最重要的因素之一。胡保玲（2014）提出地方依恋是人对地方的一种态度，是人与地方之间相互作用而形成的联结。这种依恋包括了感情、认知和行为三种成分，其中感情因素被视为最重要的。这一定义强调了个体对特定地方的情感联系，认知因素则指个体对地方的知觉和理解，而行为因素则指个体在特定地方的行为表现。综合起来，地方依恋是一种综合性的态度，涵盖了个体对特定地方的情感、认知和行为方面的反应和体验。这些概念反映了地方依恋在不同学术背景和研究领域中的多样性和复杂性。地方依恋的概念梳理如表2-5所示。

表 2-5　地方依恋的概念

研究者	概念
Yuksel，Yuksel 和 Bilim（2010）	人与地方之间的反复互动可以促使个体与特定环境或场所建立情感联系
杜宗斌、苏勤等（2013）	个体与特定地方之间建立起的一种情感联结，这种情感联结表达了人们愿意留在某地方，并感到舒适和安全的心理状态
Raymond，Brown 和 Weber（2010）	不仅仅指的是人与特定地点之间因互动而产生的功能性联系，还包括了人与特定地点之间的情感联系
Han JiHun（2011）	对选择和体验特定旅游活动过程中发生的地点的热爱
Park Deukhui（2015）	游客亲自参观或体验某个特定地区所形成的情绪、感情和喜爱度
Jae SangHo（2016）	团体或个人对某一特定场所所感受到的情感纽带，将自身及其特定地点等同，形成强烈的心理依恋
胡保玲（2014）	人对地方的一种态度，是人与地方之间相互作用而形成的联结

尽管各界学者对地方依恋的理解略有不同，但都强调了个体对特定地点的情感联系和归属感以及地理互动和心理互动在地方依恋形成过程中的重要性。地方依恋不仅代表了个体或群体对特定地点的情感纽带和归属感，也反映了个体或群体对该地点的忠诚度和重游的意愿。对于旅游目的地管理者来说，了解和促进游客对特定地点的热爱是至关重要的，因为这有助于提高游客的满意度和忠诚度，进而促进旅游目的地的可持续发展。

二、地方依恋的构成维度

Willianms 等（1989）提出地方依恋分为地方依赖（place dependence）和地方认同（place identity）两个测量维度，也有学者提出情感依恋、地方气候、社会联结（Cheng &Wu，2014）也是地方依恋的测量维度，Yuksel 等（2010）将地方依恋定义为人与地方产生的情感与认知和功能关系，将其分为地方依赖、地方认同、情感依恋三个构成维度，研究了地方依恋对游客满意和忠诚的重要意义。Ramkisoon 等（2013）将地方依恋的构成维度分为地方依赖、地方认同、地方情感和社会联结四个方面，Chubchuwong 和 Speece（2016）将其分为地方依赖、地方认同、地方情感三个构成维度。Jang HoChan（2010）将地方依恋分为地方依赖与地方认同两个维度，验证了地方依恋对重游意图的积极影响。大部分旅游学者倾向于从地方依赖与地方认同两个维度研究（Han JiHun，2011；Kim SangOh，2011；Lee BoMi et al.，2013；Park DeukHee，2015；Lee JiWon，2017；王江哲等，2017）。

（一）地方依赖

地方依赖又称功能性依恋，是指个体对与特定地点的关系的感知程度（Stokols & Schumaker，1981），是对满足个人需求与特定场所之间的潜在依恋。换言之，地点依赖指的是个体对特定场所或类似功能的场所的强烈依赖程度。这种依赖性可能表现为对特定地点提供的资源、服务或便利设施的认可和依赖。根据 Kim GiHyeon（2014）的观点，地方依赖被定义为个体对某一地方功能性的依赖，是与其他地方比较下可以满足个体特定需求的能力程度。这种功能性依恋取决于实体环境所具有的特性，通常指存在于某些特定的地方。Park SeoIn（2017）将地方依赖定义为在某一地方体验后对该场所功能的热爱程度，这意味着个体对于特定地点所提供的体验功能具有强烈的喜爱和依恋，游客可能因为良好的体验而产生积极的情感联系，并愿意持续地在该地点停留。Park GyeongMi（2013）认为地方依赖就是相较于其他地方，认为该地具有独特的特性，并能产生与其他地方不同的特殊体验的功能性依恋。这意味着个体对于特定地点的独特性和特殊经历产生了积极的情感联结，并因此对该地点产生了热爱和依恋。这种地方依赖性与个体对特定地点所产生的功能性依恋紧密相关，个体对于该地点所提供的独特性和特殊体验产生了积极的认同和情感联系。

（二）地方认同

地方认同是指个体对特定地点的象征性或情感依恋程度（Backlund & Williams，2003）。这意味着个体对于特定地点产生了一种象征性的认同或情感联结，将该地点视为自我身份的一部分或者与个人情感经历相关联。而 Yoon HyeonHui（2013）的观点则进一步解释了地方认同的形成过程。他认为地方认同是通过个体与他人的关系以及与物理环境的关系而形成的主观信念或对特定场所的情感热爱。这表明地方认同不仅仅是个体对于特定地点的象征性认同，还涉及个体与社会环境和物理环境的交互作用，通过这种交互作用形成对特定地点的情感联系和认同。Kim GiHyeon（2014）认为，地点认同是指在旅游目的地进行特定活动时所产生的情感依恋。这种情感依恋是由于目的地具有的象征性要素和旅游目的地本身的重要性而产生的。换句话说，地点认同意味着个体对于旅游目的地产生了情感依恋，将其视为自己的一部分，并认为该地具有重要的象征意义。Park DeukHee（2015）将地点认同定义为特定旅游目的地与游客自我之间的联系。在这种情况下，旅游目的地不仅仅是个体的游览地点，而且成为个体自我的一部分。这种联系表现为个体对于旅游目的地的归属感和情感依恋。简而言之，地方认同是一种情感依赖，它体现了旅游者对旅游目的地的情感上的认同，表现在旅游者的态度、意向和偏好等方面（王江哲，2017）。这意味着旅游者不仅仅是简单地访问某个地方，而是与该地产生了一种情感上的联系，将其视为自己的一部分，并表现出积极的态度和意愿去体验、探索和支持该地。这种情感依赖和认同可能源于旅游者对目的地的独特魅力、文化吸引力、自然景观或社会氛围的认同，从而激发了他们对该地的情感联系和投入。

根据前期研究，地方依赖和地方认同被确认为地方依恋的主要构成维度。地方依赖通常涉及个体对特定地点的功能性依赖，指的是旅游者对某场所环境或服务设施等实质功能性资源的一种依恋情绪，反映了地方满足旅游者需要的特定条件（Williams & Vaske，2003；贾衍菊和林德荣，2017）。地方认同是旅游者基于个体的态度、价值和信仰对某场所产生的一种地方象征性的依恋情绪，反映了旅游者对地方意义的认可和场所对旅游者的情感联系（黄剑锋等，2020；蒋怡斌等，2021）。研究发现，地方依恋是影响旅游者对目的地效果评价及行为意向的重要因素（龙江智等，2020）。本研究借鉴 Jang HoChan（2010）、Han JiHun（2011）、Lee BoMi（2013）、Park Deukhui（2015）等的维度划分，将地方依恋分为地方依赖和地方认同两个维度。

第四节　游客忠诚度

一、游客忠诚度的概念

在市场营销领域，客户忠诚度通常以两种方式定义：态度和行为。态度指的是顾客对所获得价值的评价，从而影响他们对产品或服务的整体态度，例如是否有重复购买的意向。而行为方面则包括持续的赞助和推荐行为。因此，当消费者对某一品牌表现出积极的态度并反复购买该品牌时，就可以认为他们对该品牌具有较高的忠诚度（Zhang et al.，2014）。Kim MinJi（2014）认为忠诚度指的是消费者对特定品牌或服务的执着，并对其持续购买的倾向。这意味着消费者对于某一特定品牌或服务表现出较高程度的信任和依赖，愿意在未来继续选择该品牌或服务，并且可能会推荐给他人。Park EungYeong（2013）认为忠诚度是个人对某个特定对象的消费体验过程中逐步形成对该特定对象的态度，并且这种态度会体现在未来实际行动中，通常将持续购买或推荐被认为是消费者忠诚的体现。Shin JaeIk 等（2006）将忠诚度定义为顾客对某种产品或品牌的忠诚程度，表现为他们反复购买该产品或品牌，并且愿意持续向他人积极推荐。这种行为不仅有助于企业的利润创收，还表明顾客对该产品或品牌有强烈的信任和满意度，愿意长期支持和推荐它。因此，忠诚度对于企业来说是一项非常宝贵的资产，可以带来稳定的收入和良好的口碑传播效果。在早期，忠诚度研究主要集中在企业或品牌层面，旨在理解消费者对特定品牌或产品的忠诚程度以及他们的购买行为和忠诚度的关联。然而，随着时代的变迁和营销理论的不断发展，研究范围已经扩展到了更广泛的领域，包括组织、社区和旅游目的地等（Albert & Michael，2010）。

随着旅游目的地之间竞争的加剧，客户忠诚度理论被引入旅游领域，以评估市场营销策略的有效性，对旅游目的地的忠诚度意味着游客愿意再次选择并造访之前曾经到访过的目的地，或者愿意积极地向他人传递他们在目的地的积极经历（Baek ManKi，2010）。此外，旅游行为中的忠诚度还可以基于对旅游目的地形象的认知、环境、象征等因素形成以及个人对目的地的积极态度、成见或从旅行中获得的经验所塑造的对目的地的热爱程度（Yang SeungHee，2010）。这些因素共同构成了游客对特定旅游目的地的忠诚度，反映了他们对该目的地的持续关注和支持。Cho Seung Hyun（2015）提出的观点指出，旅游目的地忠诚度是由游客对特定旅游目的地形成的积极态度，这种态度来源于他们对该目的地的良好印象或积极经验。具体来说，这种忠诚度表现为游客愿意选择并投入特定目的地的独特品牌之中，他们愿意反复访问该目的地并将其推荐给他人。这种忠诚度的表现甚至可以体现在即使花费更多的经费，也依然愿意再次去该目的地。这种观点强调了游客对于旅游目的地的正面感受和对其的持续支持，体现了他们对特定目的地的忠诚度。Jeong HuYeon（2018）对游客曾经到访的旅游目的地忠诚度进行了定义，认为其包含了对特定景点希望再次回访或向他人积极推荐的意愿。而 Yeon NaMi（2011）则将忠诚度定义为满意度的后续行动，其中包括回访意图和推荐意图两个组成因素。回访意图表示游客在体验某项活动后所感受到的积极态度，表现为愿意在未来继续回访的愿望；而推荐意图则是根据游客对旅游目的地特定活动的正面评价，对家人、朋友等周围的人进行积极的推荐。这些定义突出了忠诚度与游客的行为意向和态度之间的关系，强调了忠诚度是基于积极的体验和态度而产生的后续行动。

因此，本文将游客忠诚度定义为游客对特定旅游目的地的积极想法或经验所形成的友好态度，表现为愿意优先选择该地区的独特品牌，并持续反复访问该目的地，并且愿意向他人积极推荐。此外，即使经费有所增加，游客也仍然愿意再次访问该目的地。本概念突出了游客对特定目的地的积极态度和持续支持以及他们愿意付出额外代价以再次体验该目的地的意愿。

二、游客忠诚度的构成维度

根据学者们的研究，旅游目的地的忠诚度主要包括游客的回访意图和推荐意图两个方面。具体来说，研究者们将忠诚度作为单一维度，从不同的角度来评估。例如，Park SunCheon（2013）针对文化旅游节举办地的品牌忠诚度进行研究时，从回访、偏好、印象三个方面进行了测评。在 Park SunCheon 的研究中，回访意图指的是游客对该文化旅游节举办地是否有再次前往的打算；偏好是指游客对该目的地的喜好程度，包括对景点、文化活动等的偏爱程度；印象则是指游客在体验过程中所形成的对该目的地的整体印象，包括文化氛围、服务质量等方面的感受。而 Cho Seung Hyun（2015）针对到访江陵地区参观的游客时，从优先考虑、回访意图、经费对比回访、推荐意图四个方面进行了测量，优先考虑指的是游客在选择旅游目的地时，是否会优先考虑选择江陵地区，这反映了他们对该目的地的偏好和重视程度。回访意图指的是游客是否有再次前往江陵地区的意愿，这直接反映了他们对该目的地的满意度和忠诚度。经费对比回访指的是游客在考虑未来旅行目的地时，会与其他可能的选择进行经费比较，看是否愿意再次选择江陵地区作为旅游目的地。推荐意图指的是游客是否愿意向他人推荐江陵地区作为旅游目的地，这反映了他们对该地区的满意程度和对其吸引力的认可程度。这些方面的测量能够全面了解游客对江陵地区作为旅游目的地的忠诚度和满意度，有助于目的地管理者深入了解游客需求和偏好，制定更精准的营销策略和提升服务质量，从而增强目的地的竞争力和吸引力。Choi JeongHyo（2017）的研究针对到访青岛代表景区的外国游客，同样将忠诚度视为单一维度进行评估。他从四个方面进行了测量，包括有机会回访、回访意愿、推荐意图以及口碑宣传。其中，有机会回访反映了游客是否愿意再次选择青岛作为旅游目的地，回访意愿则直接反映了他们对该地的满意程度和忠诚度。此外，游客是否愿意向他人推荐青岛作为旅游目的地以及他们是否愿意参与口碑宣传，也是评估忠诚度的重要指标。这些研究显示了忠诚度的构成维度可以涵盖回访意图、推荐意图等多个方面，以全面评估游客对特定旅游目的地的忠诚程度。通过 Baek ManKi（2010）、Cho Seung Hyun（2015）、Choi JeongHyo（2017）等研究的启示，本研究选取了包括回访意图、经费比较回访、优先考虑、口碑宣传、推荐意图在内的五个忠诚度项目来衡量游客的忠诚度。

第三章
文献述评

第一节 旅游目的地文化营销的国内外研究进展

我国对文化营销的研究始于20世纪末，其起步相对较晚。1995年，张志华首次提出了“文化营销”理念，这标志着对文化与营销结合的思考和探索的开端。他在该理念中阐述了文化营销与传统商品营销的区别，强调了渗透与介入文化的营销活动即为文化营销。这一概念的提出为后续对文化营销的研究奠定了基础。随着跨国企业的兴起和全球化进程的加速，学者们开始关注国际企业在不同文化背景下营销策略的适应性问题。从跨文化角度出发，研究者们开始探讨国际企业如何在不同文化环境中进行营销活动。1997年，许宏印等人以及姜岩等人的研究都强调了国际企业在营销活动中应重视文化环境的影响，并提出了相应的文化适应策略。这些研究为了解跨文化营销背景下的企业行为和策略提供了重要的理论支持和实践指导。

1998年，复旦大学教授王方华与他的几名研究生共同完成了《文化营销》一书，该书主张企业应将营销理念与文化理念相结合，以实现差异化优势。这一观点在当时引起了广泛的关注和讨论，为文化营销领域的研究和实践注入了新的思路和动力。在此之后，谢宝剑等（2003）以及陈树文等（2004）对国内企业文化营销模式进行了深入地探析，从不同的视角和维度对企业如何结合文化因素进行营销进行了研究和总结。这些研究为企业提供了指导，帮助它们更好地利用文化资源，打造具有竞争优势的品牌形象。另外，周本存在前人研究的基础上，进一步探讨了文化与市场营销之间的关系。他的研究从理论层面和实践角度出发，深入剖析了文化因素在市场营销中的作用机制和价值，为相关领域的学术研究和实践提供了重要的理论支持和指导。随后，学者们的关注领域扩展到企业的市场调研、产品开发、产品价格、产品包装、促销宣传等各个方面，如：张正林（2005）、钟诚（2007）、王建民（2008）认为企业应将文化内涵融汇到整个营销过程中，利用文化营销向消费者传递企业核心价值观念，激发消费者心理偏好与购买行为。此外，还有学者对采用文化营销的汽车、白酒、酒店等行业进行了针对性分析（孙立新，2006；吴言松等，2007；卢静怡，2008），他们从多角度、多层面剖析了国内企业在文化营销方面存在的问题，并对文化营销模式进行了深入论述，主张企业实施文化营销的必要性。这些研究为企业提供了具体的指导和建议，有助于它们更好地应对市场挑战，提升竞争力。

随着国内竞争市场的加剧，自 2010 年以来，学者们对文化营销的研究逐步增多，并将研究范围扩展到了针对具体企业的分析。这些企业包括餐饮企业、房地产企业等各大产业。针对餐饮企业的研究，学者们着眼于分析这些企业如何通过文化营销来构建核心竞争力。例如，房彦华（2010）、曲红和陈艳彩（2010）、胡付照（2010）、常超（2015）等学者，对餐饮企业的文化营销策略进行了深入研究。他们通过分析餐饮企业的文化营销现状和存在问题，提出了一系列相应的文化营销路径与策略，以帮助这些企业在激烈的市场竞争中获得优势。此外，针对房地产企业的研究也得到了广泛关注。学者们如王思佳和刘英侠（2010）、田冬炜（2013）等，着重分析了房地产企业如何通过文化营销来提升其竞争力。他们认为，文化营销不仅可以帮助房地产企业树立独特的品牌形象，还可以提升企业的声誉和信誉，从而吸引更多的客户和投资者。总的来说，针对具体企业的文化营销研究旨在深入剖析企业的文化营销现状、存在问题和挑战，并提出相应的解决方案和策略，以帮助企业更好地应对市场竞争，实现可持续发展。这些研究为企业提供了重要的理论支持和实践指导，对于提升企业的竞争力和市场地位具有积极意义。

近年来，学者们开始关注文化营销在旅游领域的研究和应用，并初步探讨了二者之间的关系（郭嫒嫒，2019；何逸等，2019）。其中，一些研究着眼于分析具体城市的文化资源开发和利用现状，为城市实施文化营销策略提供了参考意见。例如，苏云和王钦智（2014）、赵延君等学者（2015）分析了具体城市的文化资源，并探讨了如何利用这些资源来实施文化营销策略。他们的研究提供了对城市如何通过文化营销来提升其吸引力和竞争力的重要思路。

与此同时，一些学者将文化营销与品牌营销相结合，进行了更深入的研究。例如，白银锋（2014）从城市文化营销角度分析了国内除一线城市之外的其他城市的文化营销模式，并提出了存在的共性问题。他指出，要提升城市的品位和品质，需要通过营造新型文化产业业态来实现，并呼吁加强对城市文化品牌知名度的扩大。然而，尽管已经取得了一定进展，但仍需指出，目前学者们对文化营销在旅游领域的研究方法较为单一，研究内容主要局限在文献梳理基础上的对策研究，缺乏实证研究。因此，未来的研究需要进一步拓展研究方法和内容，加强对文化营销在旅游领域实际应用效果的验证和评估。

国外学者对文化营销的研究早于国内，始于20世纪50年代。最初的研究主要涉及文化因素与市场营销的影响关系，强调企业的市场营销策略应重视文化元素。然而，早期阶段并未深入研究文化对消费者行为的机理。随着全球化的到来，人们开始在营销理论中重视跨文化营销，相关研究也逐渐丰富起来。从20世纪80年代到20世纪末，研究主要集中在不同文化背景下的国家和地区如何进行市场营销。学者们分析了在国际环境下如何运用跨文化营销解决国际营销中存在的问题（Paul & Herbig，2000；Tom & Grifen，2000）。随着时间的推移，研究视角逐渐扩大到文化营销对消费者行为的影响层面。然而，学者们并没有提出可行性的营销策略，而是更多地侧重于描述和理解文化对消费者行为的影响，缺乏实践性的营销建议。在这一时期，国外学者的文化营销研究奠定了该领域的基础，为后续的研究提供了重要的理论基础和研究方向。

21世纪以后，对文化营销的研究在全球范围内进一步扩展，尤其是在韩国，对文化营销的重视程度更加突出。韩国将文化营销应用到各个产业，并且对文化营销进行了更为深入的研究。学者们不仅对文化营销的类型和维度进行了深入探讨，还通过实证研究分析了企业文化营销对企业形象和品牌形象的影响（Joe SoYeong，2010），在这个过程中，研究的范围不断扩展，涵盖了咖啡店、酒店、航空公司等各个领域（Noh JeongHee & Jang HanByeol，2011；An SoYoung & Han JinSoo，2014；Kwak ChulWoo，2013），验证了文化营销对顾客满意度以及忠诚度的积极影响关系。虽然对于将文化营销应用到各个行业的研究已经比较充分，但是将文化营销应用到旅游领域的文献相对较少，特别是对旅游目的地文化营销的实证研究更为缺乏。

可见，国内外学者虽对文化营销研究的深度与侧重点各有不同，但都为旅游目的地文化营销提供了重要参考和启示。然而，目前的研究主要以定性研究为主，定量研究相对较少，对于多层次、多角度开展旅游目的地文化营销建设的研究还有待深入。在未涉及的领域中，一是对文化营销在旅游目的地上的应用研究相对较少。虽然已有一些相关研究，但相关研究文献仍然相对不足。二是国内尚未发现有针对旅游目的地文化营销、品牌资产、地方依恋以及游客忠诚度之间的影响关系的实证研究。这些因素在旅游目的地的发展和成功中起着至关重要的作用，然而，目前仍缺乏系统性的实证研究来探讨它们之间的关联。因此，未来的研究可以重点关注以下几个方面：首先，开展实证研究，通过大样本调查和数据分析，深入探讨旅游目的地文化营销、品牌资产、地方依恋和游客忠诚度之间的关系，以验证它们之间的影响机制和相互作用。其次，比较不同类型和地域的旅游目的地，在文化营销、品牌资产、地方依恋和游客忠诚度方面的差异和共性，为不同地区的旅游发展提供参考和借鉴。最后，结合实际案例和市场数据，提出具体的营销策略和管理建议，促进旅游目的地的可持续发展和竞争优势的提升。通过这些努力，可以为旅游目的地的文化营销和品牌建设提供更有针对性和有效性的指导，推动旅游业的发展和提升。

本研究探讨旅游目的地文化营销、品牌资产、地方依恋、地方游客忠诚度的影响机理关系，检验旅游目的地品牌资产在文化营销与游客忠诚度的中介效应，以期拓展游客视角下旅游目的地文化营销与品牌资产研究的新议题，深入探讨如何通过文化营销策略向游客传达当地特色的文化价值，帮助旅游目的地更有针对性地确立竞争定位、核心竞争力以及品牌文化。

第二节　旅游目的地品牌资产的国内外研究进展

品牌资产作为市场营销领域用以评价品牌效果的常用指标，指的是企业品牌能够为企业带来附加收入等价值（徐虹等，2019）。20 世纪 90 年代，旅游学者们将营销领域中的品牌资产引入旅游目的地管理的研究中（沈鹏熠，2014）。随着旅游业的不断发展和竞争加剧，旅游目的地也越来越意识到品牌建设的重要性。品牌资产不仅是企业在市场中的竞争力的体现，也是旅游目的地吸引力和竞争力的关键因素之一。

旅游学者们在探讨旅游目的地品牌资产时，通常以旅游消费者的视角为出发点。虽然对于这一概念的确切定义尚未达成共识，但可以归纳为旅游目的地资产是指旅游目的地营销组织在品牌化原则指导下，协调诸多利益相关者关系，通过一系列营销行为的整合效果，使旅游者对旅游目的地品牌的认知、情感、态度产生相对于竞争对手的差异化反应，这种反应不仅仅为旅游目的地利益相关者带来了增值的价值，也使得旅游目的地持续地获得这种价值增值的能力（刘丽娟与吕兴洋，2016；Blain et al., 2005）。通过建立具有差异化竞争优势的品牌资产，旅游目的地能够吸引更多的游客，提升游客的满意度和忠诚度，进而增加旅游业的收入和盈利能力。这种持续的价值增值能力使得旅游目的地在竞争激烈的市场环境中保持稳定并不断发展。此外，有效的旅游目的地品牌建设还能够直接影响游客的体验价值。旅游者往往会根据旅游目的地的品牌形象和声誉来评估其旅游体验的质量和价值（许春晓和莫莉萍，2014）。如果一个旅游目的地成功地建立了独特而吸引人的品牌形象，游客在游览过程中可能会感受到更丰富、更有趣、更愉悦的体验，从而增强其对该目的地的满意度和忠诚度。

关于旅游目的地资产的构成维度方面。旅游学者们虽一致以旅游者视角对旅游目的地资产的构成维度展开了大量的研究，但对其维度的划分还存在较大差异。一类是以 Pike 为代表的将品牌显著、品牌联想、品牌共鸣和品牌忠诚作为旅游目的地品牌资产的维度（Pike et al.，2010），这种划分方式强调了品牌在旅游者心目中的形象和关联性对于品牌资产的重要性。第二类是以品牌知名度、品牌形象、感知质量和品牌忠诚作为旅游目的地品牌资产的维度（Konecnik & Gartner，2007；Kladou & Kehagias，2014）这种划分方式更侧重于旅游目的地品牌在市场上的影响力和形象塑造。实际上，高频维度主要为品牌知名度、品牌忠诚、品牌质量、品牌形象、品牌价值、品牌联想（Chen & Tsai，2007；董静等，2018），大多借鉴 Aaker（1996）和 Keller（1993）对企业品牌资产的研究成果，结合目的地情境构建模型的研究较少。然而，尽管已有的研究对旅游目的地品牌资产的维度进行了深入探讨，但对于目的地长期积累形成的生活方式的本质特征仍然缺乏足够的关注。最近的研究表明，关注旅游目的地生活方式中的自然和人文本质特征是旅游目的地开发与营销成功的关键因素（邹统钎等，2021）。因此，亟须提出新的评价维度，以更全面地理解和评估旅游目的地的品牌资产，这将有助于旅游目的地管理者更好地制定营销策略和提升目的地的竞争力。

学者们对品牌资产各维度之间的关系进行了深入研究，并指出这些维度之间并非简单的因果或并列关系，而是存在着较为复杂的影响关系（许春晓和莫莉萍，2014；刘丽娟和吕兴洋，2016）。在旅游学者的研究中，他们主要聚焦于分析旅游目的地品牌资产各维度之间的内在影响关系，从而揭示出这些维度之间相互作用的机制。例如，研究表明品牌形象对品牌资产的形成具有重要影响。马秋芳等（2017）、郭永锐等（2013）以及沈鹏熠（2014）等学者的研究验证了品牌形象在旅游目的地品牌资产中的关键作用。品牌形象可以影响旅游者对目的地的认知、情感和态度，进而影响其对品牌的忠诚度和品牌价值的感知。这些研究为理解品牌资产各维度之间的关系提供了重要线索。此外，一些研究还探讨了其他维度之间的相互影响关系，如品牌知名度、品牌忠诚、品牌形象等。这些研究有助于揭示旅游目的地品牌资产形成的复杂机制，为目的地管理者制定更有效的品牌策略提供了理论指导。

在探讨前因变量影响因素方面，研究相对较为有限，但仍有一些学者进行了探索。例如，胥兴安（2015）研究了熟悉度和易感性对网络负面口碑对目的地品牌资产的影响。他验证了网络负面口碑对目的地品牌资产的稀释效应，揭示了熟悉度和易感性在这一过程中的调节作用。另外，沈雪瑞（2016）从名人代言人可信度的角度出发，研究了名人代言对品牌知名度、品牌形象和感知质量的影响作用。他的研究结果显示，名人代言人的可信度会影响旅游者对目的地品牌的认知和态度，进而影响其对品牌资产的形成。然而，这些研究在探讨旅游者行为方面还存在一定的缺乏，尚未深入研究旅游者的具体行为反应。因此，未来的研究可以进一步探讨旅游目的地品牌资产与旅游者行为之间的关系，包括旅游者的购买意向、游览频率、游客满意度、游客忠诚度等方面的研究。这样的研究将有助于更全面地理解旅游者对目的地品牌的反应，并为目的地管理者提供更具针对性的品牌策略。

综上所述，国内外学者们对于旅游目的地品牌资产的研究主要集中在基本概念、维度构成、各维度之间的影响关系以及测量方法的探讨。然而，对于游客感知的目的地品牌资产如何影响旅游者的行为以及影响机制研究却鲜有涉及。在这一背景下，本研究将旅游目的地文化营销、地方依恋引入模型当中，旨在实证分析旅游目的地文化营销、品牌资产对旅游者地方依恋的影响机制。具体而言，我们将着眼于旅游者对目的地品牌资产的感知与认知以及这种认知对其行为的影响。通过将文化营销和地方依恋纳入分析框架，我们可以深入探讨旅游者如何感知目的地的文化特色和品牌形象，并将这种感知转化为地方依恋的情感纽带。在这一过程中，我们可以考察文化营销活动对旅游者的文化认同和情感投射的影响以及品牌资产对旅游者地方依恋程度的塑造作用。通过对旅游者地方依恋的影响机制进行实证分析，我们可以更好地理解旅游目的地品牌资产在塑造游客行为和情感上的作用机制。这不仅有助于提升旅游目的地的品牌形象和知名度，还可以促进旅游者的地方依恋情感，进而增强其对目的地的忠诚度和回访意愿。因此，本研究的开展将有助于弥补目前研究中的不足，为旅游目的地品牌资产的实践提供更为深入的理论指导和实证支持。本研究参考 Kang Sungil 等（2010）、Kang NaYeon（2012）、Park SunCheon（2013）、Choi JiYoung（2015）等的研究，将旅游目的地品牌资产划分为品牌认知、品牌形象和感知质量三个维度。

第三节　地方依恋的国内外研究进展

地方依恋是指人与地方相互作用下产生的情感联结，这种情感联结可以让他们感到舒适和安全的一种心理状态（Bricker & Kerstetter，2000）。早在20世纪80年代，学者们就将地方依恋概念应用在旅游研究领域。此后，地方依恋就成为旅游目的地管理实践和跨学科旅游研究的重要课题之一（黄剑锋等，2020）。在旅游研究领域，地方依恋通常被界定为旅游者对于某一特定场所或目的地所感受到的价值以及对该场所的一种情感性的认同和归属（Loureiro，2014）。这种情感联结不仅体现在游客对景点的喜爱程度上，还表现在对当地文化、历史、自然环境以及社区的认同感和归属感上。

国内旅游目的地依恋研究的起步相对较晚，但在特定时期得到了一些代表性文献的推动和引导，形成了一定的发展逻辑。早期，学者们主要借鉴国外已有成果进行探索性研究，重点是对地方依恋相关概念进行解构，并构建研究框架，探讨旅游者地方依恋的形成机制。

在这一阶段，研究者们主要通过问卷调查、访谈等方法，探讨旅游者在特定目的地中产生地方依恋的原因和影响因素。他们关注旅游者对目的地的情感认同程度，以及这种认同程度对于旅游行为的影响。这些早期研究的结果为后续的深入探讨提供了基础和指导。其中，黄向和保继刚首次将地方依恋概念引入中国大陆地区，他们构建了地方依恋理论的CDEEM研究框架，并指出对旅游目的地地方依恋的结构和产生因素的研究成果可以直接用于该目的地的市场营销中，因为了解游客对目的地的依恋程度和产生因素可以为目的地管理者提供重要的市场洞察和指导。一旦目的地管理者了解了游客对该目的地的依恋结构和影响因素，他们可以采取相应的营销策略来加强游客的地方依赖水平，从而提高游客的忠诚度和重游意愿，进而增加游客的旅游时间和金钱投入（黄向等，2006）。作为国内地方依恋研究开创者之一的唐文跃首次将人文地理学中活跃的“地方感”概念应用到对九寨沟自然观光旅游者的“人—地”关系探讨上，并提出了“地方感”研究的ODTG框架，这一框架深入分析了游客对目的地的情感认同和归属感的形成过程，为后续研究提供了重要的理论参考（唐文跃，2007）。周慧玲与许春晓（2009）首次提出了自主选择旅游目的地的旅游者地方依恋的形成机制，并提出了科学修订相关量表的建议，以更好地适应中国旅游现象，这些初步探索奠定了国内旅游目的地依恋研究的基础，为后续的深入研究提供了理论和方法支持。这些研究的开展不仅促进了学术界对地方依恋的深入理解，也为旅游目的地管理者提供了实践指导和决策支持。

随着国内旅游业的快速发展和学术研究的不断深入，越来越多的学者开始关注旅游目的地依恋的影响因素、测量方法以及其对旅游者行为和旅游目的地管理的影响，为该领域的发展提供了丰富的研究成果。例如，钱树伟等（2010）学者采用了通径分析、相关分析等定量方法，以苏州观前街为例，探讨了历史街区型购物场所顾客地方依恋对顾客购物满意度的影响。他们发现，顾客对于历史街区的地方依恋程度与其购物满意度之间存在显著正向关系，即越强的地方依恋程度往往伴随着更高的购物满意度，这为历史街区的市场营销提供了重要的参考。王坤等（2013）学者采用了结构方程模型，分析了文化旅游区游客涉入各个维度对地方依恋的影响效应。他们的研究结果显示，游客对文化旅游区的认知、情感以及态度等维度的涉入程度与地方依恋之间呈现出显著的正向关系，进一步证明了游客对旅游目的地的认知和情感投入对地方依恋的形成具有重要影响。

目前，旅游目的地依恋研究的情境不断拓宽，不仅涉及传统的旅游景点，还包括红色旅游（陆相林和孙中伟，2017）、体育旅游（盘劲呈和李海，2018）、山岳型旅游（祁潇潇等，2018）、观鸟旅游地（李文明等，2019）等情境。在这些情境下，学者们对地方依恋进行了深入研究，探讨了不同旅游类型对地方依恋的影响机制。整理相关文献后发现，国内学者对旅游目的地依恋研究兴起之初，受到国外文献的深远影响，研究问题也在一定程度上沿袭了相似的发展轨迹，可以发现国内地方依恋的研究主要集中在概念内涵、构成维度、形成机制、影响因素、作用效果和应用六个方面（陆一帆和曲颖，2020），这些研究不仅丰富了旅游目的地依恋理论，还为旅游业的可持续发展提供了理论支持和实践指导。

国外对地方依恋的研究早于国内，始于 20 世纪 80 年代。1976 年，Tuan 首次观察到了人们对特定地方的情感依恋关系，这被视为国外开始对地方依恋展开研究的开端。随后，学者 Adger（2000）在此基础上提出了“地方依恋”的概念，尽管 Adger 并未对地方依恋进行明确定义，但他的工作为后续学术界的研究提供了一个重要的起点和框架。在接下来的发展中，学者们开始对地方依恋的相关概念和定义展开深入探讨，并逐渐构建起了相关的理论体系。在这个过程中，诸如 Shumaker 等（1983）、Williams 和 Roggenbuck（1989）、Low（1992）等学者提出了不同的概念界定。Shumaker 等（1983）在他们的研究中将地方依恋定义为个体与特定地点之间的情感联系，这种联系通常与个体对该地点的感知、认知以及与之相关的经历和记忆有关。而 Williams 和 Roggenbuck（1989）则将地方依恋理解为个体对居住地或其他地方的情感附着和归属感，这种情感会影响个体对该地方的态度和行为。另一方面，Low 等（1992）强调了地方依恋与社区感情的关系，将其定义为个体对所居住社区的情感联系和认同。然而，尽管已经有了多种不同的定义，但至今地方依恋的确切定义仍然缺乏统一，因为不同的学者可能从不同的角度和理论框架出发，给出不同的解释和界定。这也反映了地方依恋作为一个复杂而多维的概念，其含义在不同的学术背景和研究领域中可能会有所不同。

Scannell 等人（2010）提出了地方依恋的三维框架理论，这一理论试图将各种各样的地方依恋定义纳入一个统一的框架中。根据他们的理论，地方依恋是一个包含人（person）、心理过程（process）和地方（place）三个维度的多维概念。这意味着地方依恋不仅涉及个体与特定地方之间的情感联系，还包括了与地方相关的心理过程和个体的感知体验。而 Lewicka（2011）的回顾总结了过去四十年有关地方依恋的研究成果，并将文献资料分为研究、方法和理论三个部分进行梳理。在这些研究中，他指出地方依恋更多地强调了个体的角色，即人的部分，而忽略了地方依恋的形成机制过程。这一梳理揭示了一个重要的认识，即地方依恋的研究通常更加侧重描述和理解个体与特定地方之间的关系，而对于地方依恋形成的具体过程和机制进行的探究相对较少。这可能导致在理解地方依恋的整体机制和影响因素方面存在一定的局限性。这为地方依恋研究的发展路径和方向提供了全面的分析和思考，为学术界和实践界提供了重要的指导和借鉴。

随着对地方依恋研究的不断深入，学者们开始将重点从地方依恋的概念转向其具体的维度。这一转变使得研究者能够更加系统地理解和衡量地方依恋的不同方面，进而深入探讨其对个体行为和情感的影响。在不同的研究情境下，学者们通过统计分析的方法来衡量并构建地方依恋的各个维度，并设计相应的量表来评估个体对特定地方的依恋程度。这些地方依恋的维度通常包括了个体对地方的认知、情感、态度等多个方面，反映了地方依恋的多维性和复杂性。通过量表的开发和使用，研究者能够更加准确地捕捉地方依恋的各个维度，从而深入研究其形成机制和影响因素。地方依恋维度以及相关量表的研究成果为学者们对于地方依恋的影响因素和影响效应提供了重要的操作工具。通过量表的应用，研究者可以更加系统地探究地方依恋对个体行为和情感的影响，进一步推动了地方依恋研究领域的发展和深化。同时，这些量表的使用也为实践界提供了重要的参考，帮助管理者更好地理解和应对地方依恋对目的地管理和营销的影响。

地方依恋的影响因素和影响效应对于旅游业和目的地管理具有重要意义。这些因素和效应不仅影响着个体旅游行为和态度，也对旅游业的发展和目的地的可持续性产生深远影响。

首先，地方依恋的影响因素包括地方意象、涉入度、满意度、吸引力、动机和旅游体验等。个体对特定地方的认知、感知和参与程度以及对于旅游体验的评价和感受，都会影响其对该地方的依恋程度。地方依恋的形成受到个体在特定环境下的情感、认知和行为的共同影响。

其次，地方依恋的影响效应主要体现在旅游者的行为决策、行为忠诚、口碑传播、亲环境行为等方面。个体对于特定地方的依恋程度会影响其选择旅游目的地、对目的地的满意度和忠诚度以及其对目的地环境的保护和支持态度。高度依恋的个体更倾向于选择该地方作为旅游目的地，并在行为上表现出更大的忠诚度和积极性，同时更有可能向他人传播积极的口碑和推荐。此外，对于旅游地居民来说，地方依恋也会影响他们对旅游的支持态度。居民对于自身所居住的地方的依恋程度会影响他们对旅游业的发展和管理的态度和支持程度，进而影响旅游业的可持续发展。最近，学者们开始将地方依恋的研究对象拓展至旅游企业家和旅游目的地的品牌建设过程中。这些研究发现，旅游企业家和目的地管理者的地方依恋对于其社会责任行为和品牌建设具有积极影响（Wen 等，2021）。同时，地方依恋也被引入旅游目的地的韧性领域，研究表明，依恋程度高的个体更愿意支持目的地的韧性发展，并为目的地的应对挑战和适应能力提供了重要支持。这些研究帮助我们更好地理解地方依恋对于旅游业和目的地管理的重要性，并为未来的研究和实践提供了新的方向和视角。

综上所述，目前国内外旅游领域学者对地方依恋的研究主要集中在三个方面，一是地方依恋的概念及构成维度的研究，学者们致力理解地方依恋的概念，并探讨其构成维度。这些研究帮助我们更好地理解地方依恋的本质和特征以及个体与特定地方之间的情感联系。二是地方依恋作为前因变量对人的行为及态度的影响，研究者探究地方依恋对个体行为和态度的影响，如其对旅游者行为决策、忠诚度和口碑传播等方面的影响。这些研究有助于揭示地方依恋在旅游行为中的作用机制。三是研究影响地方依恋形成及其程度的因素，学者们研究影响地方依恋形成及其程度的因素，包括地方意象、涉入度、满意度、吸引力、动机等因素。这些研究有助于深入理解个体对特定地方产生依恋的原因和过程。可见，学者们对地方依恋的研究已经取得了一定的进展并积累了大量的研究成果，但也存在一些需要解决和完善的问题。就研究内容而言，国内地方依恋研究较少涉及理论的构建，而更多关注影响因素和效应，对品牌建设与游客行为的影响研究仍有待深入，在空间尺度上，现有文献多集中在单一的旅游景区、国家公园等，缺乏对不同空间尺度的全面考量。

第四节 游客忠诚度的国内外研究进展

游客忠诚的概念源于营销学中的顾客忠诚理论，早在 20 世纪 90 年代便开始延伸到旅游目的地的研究领域（魏鸿雁等，2014）。游客忠诚可以被理解为一种行为意向，即在游客有过旅游经历的目的地，未来进行旅游决策时，愿意再次选择该地作为目的地，或者愿意将该地分享、推荐给他人作为目的地的行为意向（吴文智等，2021）。这种忠诚行为不仅体现在游客选择重游的概率增加，还表现为积极的口碑传播，为目的地带来稳定的客源（贾衍菊等，2017；白凯等，2010；Natalia et al.，2013）。研究表明，提高游客忠诚度对于旅游目的地在竞争激烈的市场环境中取得优势至关重要。一方面，忠诚的游客更倾向于重复选择同一目的地，从而确保了该地的客流量和收入稳定性。另一方面，这些忠诚的游客往往会成为目的地的忠实支持者和积极的推广者，通过口碑传播和推荐，吸引更多的游客前往，促进了目的地的知名度和美誉度的提升。因此，旅游目的地需要通过各种策略和措施来提高游客的忠诚度。这包括提供优质的旅游服务和体验，建立良好的目的地形象和品牌，加强客户关系管理以及积极回应游客的需求和反馈等。通过不断地改善和提升，目的地可以更好地满足游客的期望和需求，增强他们的忠诚度，从而在竞争激烈的市场中取得更大的竞争优势。

通过对文献进行梳理和总结，发现国内外学者关于“游客忠诚”和“顾客忠诚”

的概念和内涵基本一致，主要围绕着行为忠诚、态度忠诚和态度与行为忠诚这三个方面展开探讨。首先，行为忠诚是指游客或顾客经常性地购买某项旅游或服务产品的行为表现。在旅游业和服务行业中，行为忠诚通常以实际的历史购买数据作为评价指标。由于旅游是一种长期的间断性行为，很难准确衡量旅游者对某一目的地的态度，因此行为忠诚可以更便利、公正地测量（Oppermann，2000）。其次，态度忠诚则是指游客或顾客对特定目的地或服务提供商的认同程度和态度倾向。相比行为忠诚，态度忠诚更能够体现游客或顾客的忠诚度（Chi & Qu，2008），因为即便有着频繁购买行为，也不能完全说明其忠诚，可能受到情境因素等其他因素的影响。最后，态度与行为忠诚是将态度忠诚和行为忠诚结合起来进行综合考量。随着研究的发展，态度忠诚和行为忠诚结合起来成为研究的主流。近年来，学者们主要以游客重游意愿和向亲友推荐的意愿作为衡量游客忠诚的因素，这种综合考量可以更全面地评估游客或顾客的忠诚度。因此，态度与行为忠诚成为研究的主流方向。总之，游客忠诚和顾客忠诚的研究对于了解消费者行为、提升服务质量、促进品牌发展具有重要意义。通过对这三个方面的综合分析，可以更好地评估和提升旅游目的地或服务提供商的忠诚度，从而增强其在竞争激烈的市场环境中的竞争力。

除此之外，学者们研究了影响忠诚度的主要因素和驱动机制。研究表明，目的地熟悉度（高静等，2013）、旅游动机（易小力等，2019）、服务质量（吴文智等，2021）、感知价值（田彩云等，2021）等是游客忠诚度的前因变量。也有学者从地方依恋入手，研究其对忠诚度的影响效果（王江哲等，2017；龙江智等，2020）。值得注意的是，前人的研究结论却不尽一致。因此，仍需进行实证检验。关于游客忠诚度的维度方面，多数学者认同通过重游意愿和推荐意向来测量忠诚度（贾衍菊等，2017）。

第四章
研究模型与假设

第一节　研究模型

借鉴 Sim SangMin（2002）、Choi JiYoung（2015）、Kang Hwa（2017）等学者的研究，本文将旅游目的地文化营销分为文化促销、文化支持、文化演绎以及文化光环四个维度，探讨其与品牌资产之间的影响关系；旅游目的地品牌资产则参考 Kang Sungil 等（2010）、Kang NaYeon（2012）、Park SunCheon（2013）、Choi JiYoung（2015）等学者的研究，以品牌知名度、品牌形象、感知质量等作为构成品牌资产的维度，探讨其对地方依恋以及忠诚度之间的影响关系；地方依恋则借鉴 Jang HoChan（2010）、Han JiHun（2011）、Lee BoMi（2013）、Park Deukhui（2015）等学者的研究，将其分为地方依赖和地方认同两个维度，检验其对忠诚度之间的影响关系；游客忠诚度参照 Baek ManKi（2010）、Cho Seung Hyun（2015）、Choi JeongHyo（2017）等人的研究，以单一维度来衡量。

本研究旨在探讨游客感知的旅游目的地文化营销、品牌资产、地方依恋、忠诚度之间的影响关系，验证品牌资产在旅游目的地文化营销与忠诚度之间的中介效应，为了实证上述变量之间的影响关系，依据先行研究设置了研究模型，如图 4-1 所示。

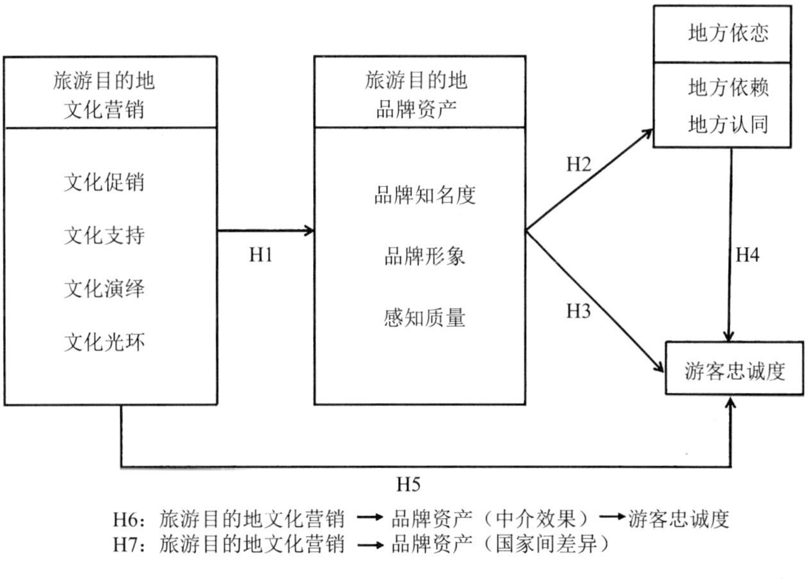

图 4-1　研究模型

第二节 研究假设

一、旅游目的地文化营销与品牌资产之间的影响关系

Noh JeongHee 和 Jang HanByeol（2011）分析了咖啡店的文化营销活动对品牌资产和忠诚度的影响，发现文化营销中的文化演艺和文化企业对品牌知名度、品牌形象、感知品质都有积极显著的影响关系。Jeon JaeNam（2012）则以企业为研究对象，将文化营销的维度设置为文化促销、文化支持、文化演绎、文化企业四个因素，将品牌资产维度设置为品牌知名度、品牌联想、感知质量以及品牌忠诚，验证了企业的文化营销对品牌资产以及信赖的影响关系，结果表明文化促销对品牌联想，文化演绎对品牌知名度与感知质量，文化企业对感知质量，文化支持对品牌忠诚均有积极的影响作用。Kwak ChulWoo（2013）的研究分析了旅游企业的文化营销对品牌资产建设的影响，研究表明，旅行社与航空公司的文化营销中的文化演绎对品牌资产的所有维度，即品牌知名度、品牌联想、感知质量均有显著影响，他认为提升品牌资产最有效的路径就是实施文化营销。Na Youn Ju（2013）则研究了仁川国际机场的文化营销对品牌资产的影响，发现文化营销对品牌形象、感知质量均有显著正向影响。Choi JiYoung（2015）为了分析游客感知的文化营销与品牌资产、满意度的关系，将文化营销分为文化促销、文化支持、文化光环三个维度，将品牌资产分为品牌形象、品牌知名度、感知质量三个维度，验证了文化光环、文化促销对品牌形象，文化促销对品牌知名度和感知质量的显著影响关系。Kang Hwa（2017）分析了首尔的文化营销活动对品牌资产和游客态度的影响关系，发现旅游目的地的文化营销中的文化促销、文化定位、文化光环对品牌知名度，文化演绎、文化促销、文化定位对品牌形象，文化演绎、文化支持对感知质量有着显著的正向影响。基于以上研究，本文设定了以下假设。

H1：旅游目的地文化营销对品牌资产有着显著的正向影响关系。

H1-1：旅游目的地文化营销对品牌知名度有着显著的正向影响关系。

H1-2：旅游目的地文化营销对品牌形象有着显著的正向影响关系。

H1-3：旅游目的地文化营销对感知质量有着显著的正向影响关系。

二、旅游目的地品牌资产与地方依恋之间的影响关系

旅游目的地品牌资产作为旅游地竞争的重要手段，不仅是对旅游目的地营销效果的反映，也是旅游地未来能够获取收益的重要因素。众多国内学者从游客心理契约（冯玉新等，2023）、影视作品（廖四顺等，2022）、目的地制度性行为（韩慧林和邹统钎，2022）、旅游目的地负面信息（聂元昆等，2022）等变量分析品牌资产的影响机制。可见，学者们对旅游目的地品牌资产在旅游营销中的重要作用已得到充分认可，但是旅游目的地资产对旅游者行为的影响却较少有学者探讨。从国外相关研究来看，韩国学者以不同的研究对象分析了品牌资产、地方依恋以及游客行为意图的因果关系，Park ByeongJik（2014）发现品牌资产各维度对地方依恋的影响不同，感知质量对地方依恋的影响最大。而 Park JunBeom（2015）则以节庆活动为研究对象，发现旅游目的地品牌资产各维度对地方依恋各维度的影响也有不同，其中，品牌形象对地方依赖、地方认同有积极影响，但品牌知名度仅对地方依赖有影响，对地方认同并没有影响。Lee JiWon（2017）以韩国江源 MICE 为研究对象，分析了品牌资产、地方依恋与游客行动意图的影响，结果发现品牌形象、品牌知名度、感知质量均对地方依恋产生了正向影响，不仅如此，也发现感知质量是品牌资产维度中影响地方依恋最重要的因素。由此可以看出，学者们在研究中也关注到了不同维度之间的影响差异，虽然目的地品牌资产的影响研究已经起步但并不深入，仍需要进一步的探讨和研究。基于上述研究，笔者认为旅游目的地品牌资产与地方依恋存在一定程度的影响关系，设定了以下假设。

H2：旅游目的地品牌资产对地方依恋有着显著的正向影响关系。

H2-1：旅游目的地品牌资产对地方依赖有着显著的正向影响关系。

H2-2：旅游目的地品牌资产对地方认同有着显著的正向影响关系。

三、旅游目的地品牌资产与忠诚度之间的影响关系

旅游目的地品牌资产是反映目的地市场营销结果的概念，其在市场营销中的重要作用已被学者肯定（Konecink & Gartner，2007；Zavattaro，2015），Horng（2012）等对台湾地区美食旅游进行分析，发现目的地品牌资产的四个维度（品牌知名度、品牌

形象、感知价值、品牌忠诚）对游客的出游意愿均产生了积极的影响，并验证了品牌熟悉度在感知价值与品牌忠诚影响关系的正向调节作用。Liu 和 Chou（2016）也以到访台湾地区的国际游客为研究对象，同样检验了旅游目的地品牌资产对旅游决策的重要影响。可见，旅游目的地品牌资产不仅是评估旅游目的地市场竞争力的有力途径，也是评估游客决策行为和旅游意愿的重要概念（徐虹等，2019）。上述研究虽然验证了旅游目的地品牌资产在影响游客出游意愿的重要作用，但对游客忠诚度的验证挖掘甚少。韩国学者对咖啡店（Noh JeongHee & Jang HanByeol，2011）、酒店（Kim DongJoon，2012）、旅行社（Lee SangYeong，2014）品牌资产对游客忠诚度的影响研究较多，研究结果也验证了品牌知名度、品牌形象和感知质量对游客忠诚度的积极作用，但同样对目的地品牌资产对游客忠诚度的影响研究不多，Cho Seung Hyun（2015）以韩国江陵地区的品牌资产对游客忠诚度的影响关系进行了研究，发现品牌知名度、品牌形象、感知质量均对游客忠诚度产生了正向的影响。Choi JeongHyo（2017）则以中国青岛地区的品牌资产对游客忠诚度的影响关系进行了验证，同样发现青岛地区的品牌资产显著影响游客忠诚度。国内学者对旅游目的地品牌资产的研究多聚焦于旅游者品牌资产的影响因素方面，较少关注对旅游行为的影响，这对理解旅游目的地资产的影响机制来说很困难，因此，本文也试图探索旅游目的地品牌资产对游客行为的影响。基于以上研究，本文设定了以下假设。

H3：旅游目的地品牌资产对游客忠诚度有着显著的正向影响关系。

四、地方依恋对游客忠诚度的影响关系

地方依恋是旅游者个人经验、经历与旅游地互动的结果，是旅游者与旅游目的地情感的联结，观光旅游者曾经的旅游经历和对旅游目的地的情感是其选择未来旅游目的地的重要影响因素（王江哲等，2017）。晁小景和王庆生（2021）指出地方依恋不仅是测量人与地方情感关系的有效工具，还能有效预测游客忠诚。旅游管理领域的大量研究也表明地方依恋是影响忠诚的重要因素。Lai 等（2021）研究发现，地方依恋的程度越高，游客重游的可能性就越大。Kim JiHyeon（2014）将地方依恋分为地方依赖与地方认同，发现两个维度均对游客忠诚度具有正面影响作用。游客一旦对某个地方产生地方依赖和地方认同，就会对该地产生正向的价值感知，进而获得较高的满

意度，最终产生一定的忠诚度（朱峰等，2015）。周学军等（2019）认为游客对旅游目的地的感知、期望都受到了地方依恋的影响，从网红城市的角度检验了地方依恋对游客忠诚度的显著直接效应，进一步验证了地方依恋是游客忠诚度形成的重要因素，Park JunBeom 和 Choi Jae Woo（2018）同样认为地方依恋是游客选择旅游目的地的重要原因，发现无论是地方依赖还是地方认同都对游客忠诚度有显著影响。但也有学者提出了不同的观点，王江哲等（2017）以威海的观光旅游者为对象，验证了地方认同对游客忠诚度具有正向影响，而地方依赖并未对游客忠诚度产生影响。张秦与郭英之（2022）则给出了相反的结论。他们以民族文化村寨为研究对象，认为地方依赖可以显著影响游客忠诚，地方认同却不能影响游客忠诚。由此可见，地方依恋对游客忠诚度的影响关系密切，但在不同情境中作用可能会不同（余意峰等，2017；晁小景和王庆生，2021）。据此提出以下假设。

H4：地方依恋对游客忠诚度有着显著的正向影响关系。

五、旅游目的地文化营销与游客忠诚度之间的影响关系

旅游目的地文化营销是旅游目的地经营者通过文化理念的设计创造来提升旅游产品及服务的附加值，从而满足旅游者对文化的需求，实现市场交换的一种营销方式（吕静彩，2008）。Noh JeongHee 和 Jang HanByeol（2011）以咖啡店为研究对象，将文化营销分为文化促销、文化支持、文化演绎以及文化定位，分析了咖啡店文化营销活动对品牌资产与游客忠诚的影响关系，发现文化演绎与文化定位对游客忠诚度具有显著影响。Kwak ChulWoo（2013）分析了旅游企业的文化营销对再购意愿的影响关系，他将文化营销分为文化促销、文化支持、文化演绎、文化定位四个维度，将游客忠诚度划分为再购意图与推荐意图两个维度，并以航空公司与旅行社两个企业为研究对象进行了比较研究，研究发现不同的企业文化营销对游客忠诚的影响也有所不同，航空公司的文化营销因素中，文化促销与文化演绎对推荐意图有影响，但对再购意图并无影响，而文化支持对再购意图有显著影响，但并不影响推荐意愿，旅行社的文化营销因素中，文化演绎对再购意图与推荐意图都产生了显著影响，文化支持只对推荐意愿产生影响。Shin HuiJong（2015）验证了企业的文化营销活动与顾客忠诚度之间的关系，结果发现企业文化营销的维度（文化促销、文化支持、文化演绎、文化定位）均对顾

客忠诚度有显著的正相关性。Bae Sangun（2018）探讨了旅行社的文化营销与顾客忠诚度的影响关系，得出文化促销对顾客忠诚度有显著影响的结论。从上述研究可以看出，无论是一般企业还是服务行业，文化营销可以满足游客的情感需求，增强顾客的体验感受，从而提升忠诚度，然而对旅游目的地文化营销与游客忠诚度的影响关系的研究却很少，通过对相关文献的梳理，笔者认为旅游目的地的文化营销也同样会影响游客忠诚度。因此，为了验证旅游目的地文化营销对顾客忠诚度是否有显著的影响，本研究提出了以下假设。

H5：旅游目的地文化营销对游客忠诚度有着显著的正向影响关系。

六、旅游目的地品牌资产的中介效应

Jung Jieun（2015）对地区艺术庆典的服务品质与游客满意度之间的影响关系进行了分析，发现品牌资产在其中起着重要的中介作用。Lee Hyein（2016）的研究结果表明品牌知名度、感知质量在捐赠经历和捐赠意向中有中介作用。此外，上述假设中提出旅游目的地文化营销可能会影响游客忠诚度，旅游目的地文化营销会影响游客对目的地品牌资产的感知，良好的目的地品牌资产感知进而影响游客的忠诚度，由此推测旅游目的地文化营销对游客忠诚度的影响是通过旅游目的地品牌资产作为中介发挥作用的。因此，提出以下假设：

H6：旅游目的地品牌资产在旅游目的地文化营销与游客忠诚度之间起中介作用。

H6-1：品牌知名度在旅游目的地文化营销与游客忠诚度之间起中介作用。

H6-2：品牌形象在旅游目的地文化营销与游客忠诚度之间起中介作用。

H6-3：感知质量在旅游目的地文化营销与游客忠诚度之间起中介作用。

七、旅游目的地文化营销与品牌资产影响关系上的国别差异分析

中国和韩国同属亚洲文化圈，在文化价值上具有高度相关性和相似性，但也由于两国在国家形成发展过程中分别选择不同的政治体制和意识形态，两国人民之间已经形成了不同的价值观和文化。由于这种文化差异，消费者对同一产品的品牌知名度也

会有所差异。对此，Ha Seongji 和 Kim MYoun（2015）调查并分析了中韩消费者对韩国前 5 名炒年糕品牌的品牌个性偏好，得出了不同国家消费者对品牌个性偏好不同的结论。因此，笔者推测旅游目的地文化营销对品牌资产的影响程度也会因国家间的不同而有所变化，据此提出以下假设。

H7：旅游目的地文化营销和品牌资产的影响关系在国家之间会有差异。

H7-1：旅游目的地文化营销与品牌知名度的影响关系在国家之间会有差异。

H7-2：旅游目的地文化营销与品牌形象的影响关系在国家之间会有差异。

H7-3：旅游目的地文化营销和感知质量的影响关系在国家之间会有差异。

第五章
研究设计

第一节　各变量概念的界定

一、旅游目的地文化营销概念的界定

本研究基于前文理论基础上提出的 Kwak ChulWoo（2013）、Lee Jeongeun（2017）、Kang Hwa（2017）等研究，将旅游目的地文化营销定义为将旅游产品、旅游宣传和旅游服务与文化元素相结合，利用文化激发游客的情感共鸣，从而提高旅游目的地附加值并与其他旅游目的地形成差异化的一系列营销活动。

关于旅游目的地文化营销内在维度构成的研究结论存在一定差异，但综合已有相关文献可知，文化促销、文化支持、文化演绎、文化光环被识别的频次较多，这也意味着这四个维度是旅游者对旅游目的地文化营销进行感知和评价时所设计的最为重要的四个方面。因此，参考 Sim SangMin（2002）、Choi JiYoung（2015）、Kang Hwa（2017）等的研究，结合本研究的目标，本文将旅游目的地文化营销分为文化促销、文化支持、文化演绎、文化光环四个维度进行研究，各变量的 operational definition（操作性定义）如表 5-1 所示。

表 5-1　旅游目的地文化营销各维度的概念界定

维度	概念
文化促销	利用多种媒体渠道或运用文化内涵创造附加价值，以推广旅游目的地或景点的旅游营销手段
文化支持	为宣传和提升旅游目的地文化形象而采取的支持建设与文化相关的服务设施以及文化艺术活动的一种旅游营销策略
文化演绎	将文化形象赋予物理性环境、旅游产品或服务产品上，以在竞争激烈的旅游市场中凸显独特性，并实现相较于其他旅游目的地更高的价格溢价的一种营销手段
文化光环	利用一个国家的文化魅力作为旅游目的地的光环效果的一种营销手段

二、旅游目的地品牌资产概念的界定

本研究以 Park SunCheon（2013）、Choi JiYoung（2015）、Lee JongYeol（2017）等先行研究为基础，将旅游目的地品牌资产定义为旅游目的地借助品牌化营销活动的开展，使旅游者对目的地品牌的态度、情感和行为产生相对于竞争地的差异化反应，从而让旅游者轻易识别和区分旅游目的地品牌，塑造旅游者独特体验的无形资产。

学者们对旅游目的地品牌资产的测量主要是基于顾客品牌资产的测量，通过统计学者们使用的旅游目的地品牌资产维度的频率，发现品牌知名度、品牌形象和感知质量是出现品牌最高的，因此，本文基于Kang Sungil 等（2010）、Kang NaYeon（2012）、Park SunCheon（2013）、Choi JiYoung（2015）的研究，结合本研究的目的，将旅游目的地品牌资产分为品牌知名度、品牌形象和感知质量三个维度。各维度的概念如表 5-2 所示。

表 5-2　旅游目的地品牌资产各维度的概念界定

维度	内涵
品牌知名度	旅游者对旅游目的地的了解程度，表现为旅游者对旅游目的地品牌的识别和区分能力
品牌形象	旅游者对旅游目的地品牌所产生的整体印象和感受
感知质量	旅游者对目的地旅游产品或服务质量的总体主观评价

三、地方依恋的概念界定

本研究以 Shin HyeonSik 和 Kim ChangSoo（2011）、Park GyeongMi（2013）、Park Deukhui（2015）等先行研究为基础，将地方依恋定义为旅游者在旅游活动的整体体验过程中，与目的地相互作用而产生的一种情感联结。关于地方依恋的维度，学者们倾向采用地方依赖与地方认同两个维度（Jang HoChan，2010；Han JiHun，2011；Lee BoMi 等，2013；Park Deukhui，2015）。因此，本文也采用上述二维度划分方式进行研究，各维度的概念如表 5-3 所示。

表 5-3 地方依恋各维度的概念界定

维度	概念
地方依赖	旅游者对旅游目的地环境的独特性与个人需求之间的匹配程度，是旅游者对旅游目的地的功能性依恋
地方认同	旅游者对旅游目的地所具备的象征属性产生的自我认同，是旅游者对旅游目的地的情感性依恋

四、游客忠诚度的概念界定

本研究基于 Baek ManKi（2010）、Cho Seung Hyun（2015）、Choi JeongHyo（2017）等研究，将游客忠诚度定义为旅游者对特定目的地产品和服务的认可和信赖，表现出在心理和情感上的一种高度信任和忠诚的程度，在未来进行旅游决策时，愿意继续选择该地作为目的地的行为意向，或愿意把该地分享、推荐给他人作为旅游目的地的行为意向。

第二节 调查问卷的设计与构成

本研究选取到访北京旅游的韩国游客以及到访韩国旅游的中国游客为调查对象，以验证旅游目的地文化营销、品牌资产、地方依恋以及游客忠诚度的影响关系。调查问卷由人口统计特征、游客感知的旅游目的地文化营销、品牌资产、地方依恋以及游客忠诚度五个部分构成。量表借鉴现有学者的研究成果，并结合本研究的内容和目标进行设计调整。其中：旅游目的地文化营销借鉴 Shim Sangmin（2002）、Kwon Mijeong（2009）、Yu Gyeongnam（2012）、An Soyeong（2014）、Choi Jiyeong（2015）、Tak JaeSeong（2016）、Kang Hwa（2017）、Oh Seungjun（2017）、Lee Jeongeun（2017）等的研究成果，包括文化促销、文化支持、文化演绎、文化光环等四个维度，共 19 个问项；旅游目的地品牌资产借鉴 Lyu JaeSuk（2009）、Kang Sungil 等（2010）、Kang Nayeon（2012）、Park SunCheon（2013）、Cho SeungHyun（2015）、Choi JiYoung（2015）等的研究成果，包括品牌知名度、品牌形象以及感知质量三个维度 15 个问项；地方依恋借鉴 Youn HyeonHui（2013）、Park GyeongMi（2013）、Lee JiWon（2017）、Kim Gyubeom（2018）等的研究成果，包括地方依赖与地方认同两个维度 9 个问项，游客忠诚度借鉴 Cho Seunghyeon（2015）、Choi Jeonghyo（2017）的研究成果，设定 5 个问项。人口统计问项包括性别、年龄、游览目的、游览形态、学历、职业、月平均收入等 10 个问项，除了人口统计特征问项以外，其余题项均采用李克特五点量表。详细内容见表 5-4。

表 5-4　问卷构成

变量	维度	题项	数量	参考文献
文化营销	文化促销	在市场营销方面积极活用文化元素 在广告宣传方面积极活用文化元素 通过电影或电视剧等方式进行宣传 通过丰富多样的文化产品宣传当地	4	Shim Sangmin（2002） Kwon Mijeong（2009） Yu Gyeongnam（2012） An Soyeong（2014） Choi Jiyeong（2015） Tak JaeSeong（2016） Kang Hwa（2017） Oh SeungJun（2017） Lee JeonGeun（2017）
	文化支持	举办多样的文化艺术活动 文化艺术设施建设做得很好 为游客提供多种文化体验活动 为保护有形无形的文化资产，保护和重建工作做得很好 积极支援文化活动 积极支援艺术活动	6	
	文化演绎	旅游商品具有当地文化特色 服务具有当地文化特色 城市建设具有当地文化特色 标志性建筑具有当地文化特色 旅游产品凸显当地文化形象	5	
	文化光环	当地旅游很好地体现了国家文化形象 当地积极运用国家文化元素在观光上 积极将本国多样的文化产品运用在旅游业中 积极将本国独特的文化产品运用在旅游业中	4	

续表

变量	维度	题项	数量	参考文献
品牌资产	品牌知名度	我很了解这个地方 这个地方和其他观光地非常容易区分 这个地方作为旅游胜地，我很了解 我一想到旅游胜地，就能想到这个地方 很容易想到这个地方 一提到此地，此地的特色很快浮现在脑海	6	Lyu JaeSuk（2009） Kang Sungil 等（2010） Kang Nayeon（2012） Park SunCheon（2013） Cho SeungHyun（2015） Choi JiYoung（2015）
	品牌形象	有魅力的旅游目的地 独特的旅游目的地 拥有多样的旅游吸引物 有有趣的旅游吸引物 与其他观光地相比具有差异性	5	
	感知质量	饮食品质优秀 服务质量高 当地居民亲切 旅游产品的品质值得信赖	4	
地方依恋	地点依赖	我喜欢这里胜过其他旅游地 与其他地方相比这里更好 与其他地方相比这里更能让我满意	3	Youn HyeonHui（2013） Park GyeongMi（2013） Lee JiWon（2017） Kim Gyubeom（2018）
	地方认同	对我而言是有特别意义的地方 我非常留恋这里 我能感受到在其他地方感受不到的东西 对我来说是特别的地方 这个地方很适合我 这个地方让我感受到了亲密感	6	
忠诚度	忠诚度	如果有机会我会再来 即使会需要很多费用还会再来 在考虑观光地的时候优先考虑这个地方 会向他人积极介绍该地的优点 积极向他人推荐来此地旅行	5	Cho SeungHyun（2015） Choi Jeonghyo（2017）
人口统计学特征			10	笔者整理

第三节　调查对象与数据来源

本研究旨在分析旅游者感知的旅游目的地文化营销对品牌资产、品牌资产对地方依恋、地方依恋对游客忠诚度的影响关系，并试图探索旅游目的地品牌资产在旅游目的地文化营销与游客忠诚度影响关系的中介效应。除此之外，考虑到国家文化的差异性，推测旅游目的地文化营销和品牌资产的影响关系上可能也会有所不同，因此，笔者选取中韩两国研究国家间是否存在差异。

根据研究目的和意义，在梳理和总结现有文献的基础上提出了相关假设与研究模型，并设计了调查问卷搜集数据。在开展正式调查之前，为了提高研究的科学性与准确性，我们先进行了预调查，在 2018 年 9 月 13 日至 18 日通过网络随机发放 30 份问卷，调查对象为访问过韩国首尔的中国游客与访问过中国北京的韩国游客，在初步调查结果的基础上，对调查问卷进行了修改完善，形成上文整理后的调查问卷。本研究的正式调查时间是 2018 年 9 月 20 日至 10 月 19 日，调查对象是访问过韩国首尔的中国游客与访问过中国北京的韩国游客，通过专业问卷调查平台——问卷星发放回收问卷，共发放问卷 600 份，回收 576 份，删除问卷填写不完整以及明显与实际状况不符的问卷 21 份，最终获得有效问卷 555 份。（见表 5-5）

表 5-5 样本的构成

		内容
调查时间		预调查：2018 年 9 月 13 日 ~18 日 正式调查：2018 年 9 月 20 日 ~10 月 19 日
调查对象		访问过首尔的中国游客与访问过北京的韩国游客
抽样方法		方便抽样
调查方法		线上问卷
样本量	回收问卷	576 份
	删除问卷	21 份（未回答或不诚实的回答）
	最终问卷	555 份

第六章
实证分析

第一节　研究对象样本特征

一、人口统计学特征描述

描述性统计分析主要是对搜集到的数据进行整理，得出一些可利用的基本信息，如职业、收入、学历等。描述性统计分析具有进行频数分析、描述离散趋势和绘制分布形态图等功能，本研究主要是对被调查样本的背景情况进行简要分析，其中包括人口学特征描述和游客行为动向。

本研究使用的有效样本为韩国游客 267 份，中国游客 288 份，共 555 份，样本的人口统计学特征如表 6-1 所示。从国籍上来看，韩国占 48.1%（267 名），中国占 51.9%（288 名），受访样本中的中韩游客比例相似。在性别比例上，男性占 39.1%（217 名），女性占 60.9%（338 名），女性居多。在年龄构成方面，20 岁以下占比 7.6%（42 名），20（含）~30 岁为 64.1%（356 名），30（含）~40 岁为 18.4%（102 名），40（含）~50 岁为 7.4%（41 名），50 岁及以上为 2.5%（14 名），受访人群中，20（含）~30 岁比例最高。从学历上来看，高中毕业生以下占比 2.1%（12 名），专科占 6.5%（36 名），本科占 53.9%（299 名），研究生占 22.2%（123 名），研究生以上占 15.3%（85 名）。本科生所占比例最多。在职业的分布中，学生占 46.7%（259 名）、教师占 18.7%（104 名）、行政职员占 12.4%（69 名），公司员工占 6.8%（38 名）、其他占 5.7%（32 名）、公务员占 3.6%（20 名）、自营职业占 2.3%（13 名）、服务业从业人员占 2.0%（11 名），生产技术职员占 1.6%（9 名）。受访群体的职业主要以学生和教师为主。在月收入方面，从韩国来看，100 万韩元以下的占 45.3%（121 名），100 万（含）~200 万韩元的占 27.0%（72 名），200（含）万 ~300 万韩元的占 22.1%（59 名），300 万（含）~400 万韩元的占 5.2%（14 名），400 万韩元及以上的占 0.4%（1 名）。从中国来看，1000 元以下的占 12.8%（37 名），1000（含）~3000 元的占 13.2%（38 名），3000（含）~5000 元的占 19.1%（55 名），5000（含）~7000 元的占 16.7%（48 名），7000（含）~9000 元的占 15.6%（45 名），9000（含）~12000 元的占 13.2%（38 名），12000 元及以上的占 9.4%（27 名）。

表 6-1 人口统计学特征（N=555）

项目		频度（名）	百分比（%）
国籍	韩国	267	48.1
	中国	288	51.9
性别	男	217	39.1
	女	338	60.9
年龄	20 岁以下	42	7.6
	20（含）~30 岁	356	64.1
	30（含）~40 岁	102	18.4
	40（含）~50 岁	41	7.4
	50 岁及以上	14	2.5
学历	高中毕业及以下	12	2.1
	专科	36	6.5
	本科	299	53.9
	研究生	123	22.2
	研究生以上	85	15.3
职业	公司职员	38	6.8
	教师	104	18.7
	行政职员	69	12.4
	公务员	20	3.6
	服务业从业员	11	2.0
	生产技术职员	9	1.6
	自营职业	13	2.3
	学生	259	46.7
	其他	32	5.8
月收入（韩国）	100 万韩元以下	121	45.3
	100 万（含）~200 万韩元	72	27.0
	200 万（含）~300 万韩元	59	22.1
	300 万（含）~400 万韩元	14	5.2
	400 万韩元及以上	1	0.4

续表

项目		频度（名）	百分比（%）
月收入（中国）	1000 元及以下	37	12.8
	1001~3000 元	38	13.2
	3001~5000 元	55	19.1
	5001~7000 元	48	16.7
	7001~9000 元	45	15.6
	9001~12000 元	38	13.2
	12000 元以上	27	9.4
总计		555	100.0

二、游客出游行为总体偏好

为探究游客出游的目的和偏好，本研究从同行人员、旅游目的、访问形态、访问次数、停留时间等方面对数据进行分析。从访中韩国游客来看，在同行人员方面，与朋友结伴来访的人最多，有 106 人（39.7%），其次是与家人一起，为 55 人（20.6%），独自旅行的为 40 人（15.0%），与同事同行的为 25 人（9.4%），跟团游为 22 人（8.2%），与恋人一起的是 19 人（7.1%）。在访问目的方面，以旅游为目的的访问的人数最多，为 150 人（56.2%），其次是其他，为 71 人（26.6%），公务出差为 25 人（9.4%），个人商务为 12 人（4.5%），探亲为 9 人（3.4%）。在访问形态方面，自由行所占比例最多，为 185 人（69.3%），其他为 55 人（20.6%），包价旅游为 27 人（10.1%）。访问次数的分布依次为 1 次为 186 人（69.7%），2 次为 63 人（23.6%），3 次为 11 人（4.1%），4 次为 7 人（2.6%），没有 4 次以上的，可见，问卷样本中大多数人都只去过北京一次。在停留时间方面，停留 4 天以上的人数最多，为 119 人（44.6%），4 天 3 夜为 74 人（27.7%），3 天 2 夜为 36 人（13.5%），2 天 1 夜为 24 人（9.0%），当天往返的是 14 人（5.2%）。

从访韩中国游客来看，在同行人员方面，与访中韩国游客一样，与朋友结伴来访的方式最多，为 146 人（50.7%），其次是家人，为 57 人（19.8%），独自旅行的为 32 人（11.1%），与同事同行的为 23 人（8.0%），与恋人一起的为 20 人（6.9%），跟团游为10人（3.5%）。在访问目的方面，以旅游为目的访问的人数最多，为226人（78.5%），其次是其他，共34人（11.8%），公务出差的共15人（5.2%），个人商务的共7人（2.4%），探亲的共6人（2.1%）。在访问形态方面，自由行共246人（85.4%），包价旅游共29人（10.1%），其他形式的为13人（4.5%）。在访问次数的分布方面，4次以上的共115人（39.9%），1次为90人（31.3%），2次为26人（9.0%），3次为44人（15.3%），4次为13人（4.5%）。可见，问卷样本中大部分人到首尔次数较多。在停留时间方面，2天1夜的共85人（29.5%），3天2夜的共67人（23.3%），4天以上的共56人（19.4%），当天往返的共52人（18.1%），4天3夜的共28人（9.7%）。具体内容见表6-2。

表6-2　旅游目的地访问形态性特征（N=555）

项目		频度（名）	百分比（%）	项目		频度（名）	百分比（%）
同行人员（北京）	家人	55	20.6	同行人员（首尔）	家人	57	19.8
	朋友	106	39.7		朋友	146	50.7
	同事	25	9.4		同事	23	8.0
	跟团游	22	8.2		团体旅行	10	3.5
	恋人	19	7.1		恋人	20	6.9
	独自旅行	40	15.0		独自旅行	32	11.1
访问目的（北京）	旅游	150	56.2	旅游目的（首尔）	旅游	226	78.5
	公务出差	25	9.4		公务出差	15	5.2
	探亲	9	3.4		探亲	6	2.1
	个人商务	12	4.5		个人商务	7	2.4
	其他	71	26.6		其他	34	11.8
访问形态（北京）	自由行	185	69.3	访问形态（首尔）	自由行	246	85.4
	包价旅游	27	10.1		包价旅游	29	10.1
	其他	55	20.6		其他	13	4.5

续表

项目		频度（名）	百分比（%）	项目		频度（名）	百分比（%）
访问次数（北京）	1 次	186	69.7	访问次数（首尔）	1 次	90	31.3
	2 次	63	23.6		2 次	26	9.0
	3 次	11	4.1		3 次	44	15.3
	4 次	7	2.6		4 次	13	4.5
	4 次以上	0	0.0		4 次以上	115	39.9
停留时间（北京）	当天往返	14	5.2	停留时间（首尔）	当天往返	52	18.1
	2 天 1 夜	24	9.0		2 天 1 夜	85	29.5
	3 天 2 夜	36	13.5		3 天 2 夜	67	23.3
	4 天 3 夜	74	27.7		4 天 3 夜	28	9.7
	4 天以上	119	44.6		4 天以上	56	19.4
总计		267	100.0	总计		288	100.0

第二节 因子分析及信赖度检验

本研究利用探索性因子分析来检验旅游目的地的文化营销、品牌资产、场所依恋、忠诚度的有效性和信赖度。为了在分析时确保各因子之间的相互独立性，避免多重共线性，采用了直角旋转方式中的最大方差正交旋转法（Varimax）。有效性（Validity）是指测量工具或手段能够准确测出所需测量实物的程度（李忠基，2016），测量结果与要考察的内容越吻合，则效度越高，反之，则效度越低。通过 KMO 和巴特利特球性检验（Bartlett's），使用 Varimax 方法进行主成分分析，以检测因子项中使用的样本是否合适。KMO（Kaiser-Meyer-Olkin）检验统计量是用于比较变量间简单相关系数和偏相关系数的指标，统计量取值范围从 0 到 1，越接近 1 越好，如果该值大于 0.5，可以认为收集的样本适合做因子分析（Chae Seoil，2005）。Bartlett 的球形性检验是验证各个变量之间相关性程度的检验方法，目的是了解变量之间是否存在相关性，是否彼此独立，如果 p 值小于 0.05，则变量间相互独立，表明适合做因子分析。共同性是每个变量解释整个概念的程度，必须是 0.4 或 0.5 以上。本研究将共同性设置为 0.4 进行分析，这意味着，只有达到 0.4 以上才能说明每个变量都在说明整个概念。特征值（eigen value）是指通过确定因子数来确定因子的离散程度，其特征值必须大于 1。因子载荷（factor loadings）表示每个变量与因子之间的相关性程度，其标准是因子载荷必须大于 0.4，如果大于 0.5，则视为重要变量，本研究以 0.5 以上为准。“方差解释力”（variance explained）则是表示一个因子所解释的方差比，方差比越高越好，通常解释力在 60% 以上被视为较好的（Lee ChungGi，2016）。

信赖度（reliability）是多次重复测量同一概念时得出相同结果的一致性程度，用于研究定量数据（尤其是态度量表题）的回答可靠准确性，量表的信度越高，其测量结果的标准误差则越小；折半信度是将量表题项分为两半，计算两半得分的 Cronbach α 系数以及相关系数，从而预估整个量表的信度。本研究主要采用克朗巴哈系数（Cronbach α）以及折半信度系数对量表的信度进行检验。通常为 0.6 或以上，可视为有一定的信赖度，若数值为 0.7 以上或更高，则可视为信赖度较高（Nunnally，1978），本研究以 0.7 以上为基准测量各因子的信赖度。

一、旅游目的地文化营销的因子分析和信赖度检验结果

旅游目的地文化营销的因子分析结果如表 6-3 所示，首先，KMO 值为 0.942，大于 0.7，Bartlett 的球形度检验值为 8657.207，显著性概率为 0.000，各变量之间相互独立，确保样本的有效性，表明样本适合做因子分析。其次，题项的因子载荷均在 0.5 以上，表明题项全部可以保留。最后，采用主成分分析法提取公因子，并使用方差最大化正交旋转法对提取的公因子进行旋转。旅游目的地文化营销共提取出四个因子，累计方差解释率达到了 73.854%，大于 60%，说明这 4 个因子可以解释问项的大部分信息。

在信赖度方面，文化支持、文化演绎、文化促销、文化光环的 Cronbach α 分别为 0.917、0.911、0.876、0.924，均大于 0.7，有较高的可信度，详细内容如表 6-3 所示。

表 6-3 旅游目的地文化营销的因子分析及信赖度分析结果

维度	题项	因子载荷	共同性	特征值	解释的方差比例（%）
文化支持 α=0.917	积极支援艺术活动	0.799	0.790	3.848	20.254
	提供多种文化体验活动	0.727	0.731		
	积极支援文化活动	0.726	0.727		
	保护有形无形等文化资产，保护和重建工作做得很好	0.610	0.596		
	文化艺术设施建设做得很好	0.603	0.662		
	举办多样的文化艺术活动	0.596	0.647		
文化演绎 α=0.911	旅游产品凸显当地文化形象	0.728	0.753	3.681	19.375
	标志性建筑具有当地文化特色	0.725	0.752		
	旅游商品具有当地文化特色	0.699	0.719		
	城市建设具有当地文化特色	0.666	0.720		
	服务具有当地文化特色	0.656	0.744		
文化促销 α=0.876	在市场营销方面积极活用文化元素	0.839	0.813	3.355	17.659
	在广告宣传方面积极运用文化元素	0.817	0.807		
	通过电影或电视剧等方式进行宣传	0.662	0.649		
	通过丰富多样的文化产品宣传当地	0.645	0.670		
文化光环 α=0.924	将本国独特的文化产品运用在旅游业中	0.771	0.863	3.147	16.566
	将本国多样的文化产品运用在旅游业中	0.762	0.852		
	当地旅游很好地体现了国家文化形象	0.691	0.755		
	当地积极运用国家文化元素在观光上	0.690	0.781		
Kaiser-Meyer-Olkin：0.942，累计方差解释率：73.854% Bartlett 的球形检验近似卡平方：8657.207，自由度：171，sig.=0.000					

二、旅游目的地品牌资产因子分析与信赖度检验结果

旅游目的地品牌资产的因子分析结果如表 6-4 所示，首先，KMO 值为 0.887，大于 0.7，Bartlett 的球形度检验值为 5583.497，显著性概率为 0.000，各变量之间相互独

立，确保样本的有效性，表明样本适合做因子分析。其次，题项的因子载荷均在 0.5 以上，表明题项全部可以保留。最后，采用主成分分析法提取公因子，并使用方差最大化正交旋转法对提取的公因子进行旋转。旅游目的地品牌资产共提取出三个因子，累计方差解释率达到了 68.991%，大于 60%，说明这三个因子可以解释问项的大部分信息。

在信赖度方面，品牌形象、品牌知名度、感知质量 Cronbach α 分别为 0.904、0.856、0.897，均大于 0.7，表明量表通过了信度检验，问卷具有很好的内部一致性，详细内容如表 6-4 所示。

表 6-4 旅游目的地品牌资产的因子分析及信赖度分析结果

因子	题项	因子载荷	共同性	固有值	解释的总方差（%）
品牌形象 α=0.904	拥有多样的旅游吸引物	0.854	0.816	3.636	24.237
	独特的旅游目的地	0.833	0.806		
	具有有趣的旅游吸引物	0.791	0.750		
	与其他观光地相比具有差异性	0.692	0.651		
	有魅力的旅游目的地	0.603	0.624		
品牌知名度 α=0.856	我很了解这个地方	0.783	0.635	3.466	23.109
	这个地方作为旅游胜地，我很了解	0.774	0.660		
	一想到旅游胜地，就能想到这个地方	0.761	0.646		
	一提到旅游目的地的时候会想到此地	0.732	0.656		
	一提到此地，此地的特色很快浮现在脑海	0.578	0.498		
	这个地方和其他观光地非常容易区分	0.570	0.532		
感知质量 α=0.897	旅游产品的品质值得信赖	0.880	0.814	3.247	21.646
	服务质量高	0.835	0.750		
	饮食品质优秀	0.822	0.783		
	当地居民亲切	0.789	0.728		
Kaiser-Meyer-Olkin：0.887，累计方差解释率：68.991% Bartlett 的球形检验近似卡平方：5583.497，自由度：105，sig.=0.000					

三、地方依恋的因子分析及信赖度分析结果

地方依恋的因子分析及依赖度分析结果如表 6-5 所示，首先，KMO 值为 0.916，大于 0.7，Bartlett 的球形度检验值为 4064.909，显著性概率为 0.000，各变量之间相互独立，确保样本的有效性，表明样本适合做因子分析。其次，题项的因子载荷在 0.773~0.838 之间，表明题项全部可以保留。最后，采用主成分分析法提取公因子，并使用方差最大化正交旋转法对提取的公因子进行旋转。地方依恋共提取出两个因子，累计方差解释率达到了 77.394%，大于 60%，说明这两个因子可以解释问项的大部分信息。在信赖度方面，地方依恋与地方认同的 Cronbach's α 系数均大于 0.7，说明测量具有良好的稳定性，详细内容如表 6-5 所示。

表 6-5　地方依恋的因子分析及信赖度分析结果

因子	题项	因子载荷	共同性	固有值	解释的总方差（%）
地方认同 α=0.938	我非常留恋这里	0.835	0.821	4.298	47.760
	对我而言是有特别意义的地方	0.832	0.770		
	对我来说是特别的地方	0.827	0.798		
	这个地方让我感受到了亲密感	0.808	0.751		
	这个地方很适合我	0.807	0.740		
	能感受到在其他地方感受不到的东西	0.773	0.710		
地方依赖 α=0.868	与其他地方相比此地更好	0.838	0.831	2.667	29.634
	与其他地方相比此地更能让我满意	0.834	0.820		
	我喜欢这里胜过其他旅游地	0.808	0.725		
Kaiser-Meyer-Olkin：0.916，累计方差解释率：77.394% Bartlett 的球形检验近似卡平方：4064.909，自由度：36，sig.=0.000					

四、游客忠诚度的因子分析及信赖度分析结果

游客忠诚度的因子分析及依赖度分析结果如表 6-6 所示，固有值大于 1，作为单

一因子，解释的总方差为75.782%，每个变量的因子载荷值都在0.5以上，KMO值是0.835，表明题项适合做因子分析。Bartlett的球形度检验值为1722.586，显著性概率为0.000，各变量之间相互独立，确保样本的可行性。Cronbach's α系数为0.917，可信度良好。

表6-6　游客忠诚度的因子分析及信赖度分析结果

因子	题项	因子载荷	共同性	特征值	解释的方差比例（%）
忠诚度 α=0.917	考虑观光地的时候优先考虑这个地方	0.892	0.796	3.789	75.782
	会向他人推荐来此地旅行	0.892	0.795		
	会向他人积极介绍该地的优点	0.865	0.749		
	有机会还会再来	0.858	0.736		
	即使会需要很多费用还会再来	0.844	0.713		
Kaiser-Meyer-Olkin：0.835，累计方差解释率：75.782% Bartlett的球形检验近似卡平方：1722.586，自由度：10，sig.=0.000					

第三节　研究假设的验证

研究假说采用回归分析的方法验证。回归分析（Regression Analysis）是确定两种以上的变量间相互依赖的定量关系的一种统计分析方法。本研究检验旅游目的地文化营销、品牌资产、地方依恋与游客忠诚之间的关系，根据线性回归，可探究研究变量之间的影响关系以及显著性的强弱。

一、假设1的验证

为检验旅游目的地文化营销与品牌资产之间的影响关系，将文化营销的四个维度：文化促销、文化支持、文化演绎、文化光环作为自变量，将品牌资产的三个维度：品牌知名度、品牌形象、感知质量作为因变量进行多重回归分析。结果发现：

首先，通过对游客感知的旅游目的地文化营销和品牌知名度的回归分析，发现旅游目的地文化营销对品牌知名度的调整 R 方值为 0.209，说明其具有 20.9% 的解释力。具体而言，文化演绎对品牌知名度具有显著的正向影响（β=0.364，$p < 0.001$），而文化促销、文化支持和文化光环则对品牌知名度没有产生显著影响。因此，假设 1-1 被部分支持。

其次，对游客感知的旅游目的地文化营销和品牌形象的回归分析显示，文化营销对品牌形象的调整 R^2 值为 0.422，说明其具有 42.2% 的解释力。具体而言，文化演绎（β=0.409）和文化光环（β=0.321）在 $p < 0.001$ 水平上对品牌形象具有显著的正向影响。此外，通过标准化系数来判断哪个维度对品牌形象影响更大，结果显示，文化演绎（β=0.409）对品牌形象的影响比文化光环（β=0.321）更显著，这表明在进行营销活动时，文化演绎和文化光环的运用越好，游客感知的品牌形象也就越好。然而，文化促销和文化支持对品牌形象影响不显著，因此，假设 1-2 被部分支持。

最后，根据游客对旅游目的地文化营销和感知质量的回归分析结果，我们发现文化营销对感知质量的解释力达到了 44.6%。具体而言，文化支持（β=0.348）和文化演绎（β=0.312）在 $p < 0.001$ 水平上对感知质量具有统计学上的显著正向影响。进一步分析发现，文化支持（β=0.348）对感知质量的影响程度大于文化演绎（β=0.312）。然而，文化促销和文化光环与感知质量之间没有统计学上显著的影响。因此，假设 1-3 被部分支持。详细内容如表 6-7 所示。

表 6-7 旅游目的地文化营销与品牌资产的多元回归分析结果

自变量	因变量	非标准化系数		标准化系数 β	t 值	p 值
		B	标准误差			
品牌知名度	常数	1.853	0.174		10.654	0.000
	文化促销	0.084	0.055	0.087	1.531	0.126
	文化支持	−0.113	0.072	−0.102	−1.578	0.115
	文化演绎	0.372	0.071	0.364	5.214	0.000***
	文化光环	0.130	0.069	0.126	1.888	0.060
R^2=0.209，adj.R^2=0.203，F=36.327（p=0.000）*$p < 0.05$，**$p < 0.01$，***$p < 0.001$						

续表

自变量	因变量	非标准化系数		标准化系数 β	t 值	p 值
		B	标准误差			
品牌形象	常数	1.318	0.137		9.603	0.000
	文化促销	−0.063	0.043	−0.071	−1.454	0.147
	文化支持	0.015	0.057	0.014	0.262	0.794
	文化演绎	0.388	0.056	0.409	6.877	0.000***
	文化光环	0.309	0.054	0.321	5.672	0.000***
R^2=0.426，adj.R^2=0.422，F=102.200（p=0.000）*p ＜ 0.05，**p ＜ 0.01，***p ＜ 0.001						
感知质量	常数	0.612	0.151		4.054	0.000
	文化促销	0.004	0.048	0.004	0.081	0.935
	文化支持	0.404	0.062	0.348	6.485	0.000***
	文化演绎	0.332	0.062	0.312	5.352	0.000***
	文化光环	0.064	0.060	0.060	1.075	0.283
R^2=0.450，adj.R^2=0.446，F=112.518（p=0.000）*p ＜ 0.05，**p ＜ 0.01，***p ＜ 0.001						

二、假设 2 的验证

为检验旅游目的地品牌资产与地方依恋之间的影响关系，将品牌资产的三个维度：品牌知名度、品牌形象、感知质量作为自变量，将地方依恋的地方认同、地方依赖两个维度作为因变量进行多元回归分析。旅游目的地品牌资产和地方依赖的回归分析结果表明：品牌知名度（β=0.181）、品牌形象（β=0.255）、感知质量（β=0.405）三个维度均对地方依赖产生了显著的积极影响，其中，感知质量对地方依赖的影响最大，其次是品牌形象、品牌知名度。因此，假设 2-1 被支持。

其次，旅游目的地品牌资产和地方认同的回归分析结果表明，品牌知名度（β=0.267）、品牌形象（β=0.227）、感知质量（β=0.329）在 p ＜ 0.001 水平上对地方认同有统计上的显著正向影响。其中，感知质量对地方认同的影响最大，因此，假设 2-2 被支持。详细内容见表 6-8。

本研究的结果验证了旅游目的地品牌资产在地方依恋形成过程中的重要性，并且发现感知质量在增强游客地方依恋方面扮演着至关重要的角色。

表 6–8　旅游目的地品牌资产与地方依恋的多元回归分析结果

自变量	因变量	非标准化系数		标准化系数 β	t 值	p 值
		B	标准误差			
地方依赖	常数	−0.110	0.154		−0.714	0.476
	品牌知名度	0.200	0.044	0.181	4.550	0.000***
	品牌形象	0.304	0.053	0.255	5.738	0.000***
	感知质量	0.431	0.039	0.405	11.044	0.000***
R^2=0.494，adj.R^2=0.491，F=179.486（p=0.000）*p ＜ 0.05，**p ＜ 0.01，***p ＜ 0.001						
地方认同	常数	−0.130	0.168		−0.772	0.441
	品牌知名度	0.311	0.048	0.267	6.502	0.000***
	品牌形象	0.286	0.058	0.227	4.963	0.000***
	感知质量	0.369	0.042	0.329	8.686	0.000***
R^2=0.461，adj.R^2=0.458，F=157.309（p=0.000）*p ＜ 0.05，**p ＜ 0.01，***p ＜ 0.001						

三、假设 3 的验证

根据多元回归分析结果，旅游目的地的品牌资产，包括品牌知名度、品牌形象和感知质量，均在统计学上对游客忠诚度产生显著的正向影响。具体而言，品牌知名度的系数为 β=0.298，品牌形象的系数为 β=0.221，感知质量的系数为 β=0.321，在统计显著水平（p ＜ 0.001）上均表现出显著性。这说明提升旅游目的地的品牌资产有助于增强游客的忠诚度。需要特别注意的是，感知质量对游客忠诚度的影响最为显著，其次是品牌知名度和品牌形象。因此，假设 3 被支持。详细内容如表 6–9 所示。

表 6-9　旅游目的地品牌资产与忠诚度的多元回归分析结果

自变量	因变量	非标准化系数		标准化系数β	t 值	p 值
		B	标准误差			
忠诚度	常数	−0.086	0.173		−0.495	0.621
	品牌知名度	0.343	0.053	0.298	6.503	0.000***
	品牌形象	0.276	0.064	0.221	4.312	0.000***
	感知质量	0.363	0.050	0.321	7.297	0.000***
R^2=0.521，adj.R^2=0.517，F=156.446（p=0.000）*p ＜ 0.05，**p ＜ 0.01，***p ＜ 0.001						

四、假设 4 的验证

根据多元回归分析结果，地方依恋的两个维度，即地方依赖和地方认同，对游客忠诚度具有显著的正向影响。具体来说，地方依赖的系数为 β=0.168，地方认同的系数为 β=0.748，在 p ＜ 0.001 水平上均表现出显著性。这意味着地方依赖和地方认同越高，游客的忠诚度也越高。值得注意的是，地方认同对游客忠诚度的影响程度明显大于地方依赖，这表明游客对目的地的情感认同对于忠诚度的影响更为显著。因此，假设 4 被支持。详细结果如表 6-10 所示。

表 6-10　地方依恋与游客忠诚度的多元回归分析结果

自变量	因变量	非标准化系数		标准化系数β	t 值	p 值
		B	标准误差			
忠诚度	常数	0.326	0.092		3.529	0.000
	地方依赖	0.182	0.036	0.168	5.073	0.000***
	地方认同	0.764	0.034	0.748	22.551	0.000***
R^2=0.768，adj.R^2=0.767，F=715.065（p=0.000）*p ＜ 0.05，**p ＜ 0.01，***p ＜ 0.001						

五、假设 5 的验证

为检验旅游目的地文化营销与游客忠诚度之间的影响关系，将旅游目的地文化营销的四个维度：文化促销、文化支持、文化演绎、文化光环作为自变量，将游客忠诚度作为因变量进行多元回归分析，研究结果如下：文化营销对游客忠诚度的调整 R^2 值为 0.286，说明有 28.6% 的累计方差解释率，具体来看，文化演绎（β=0.408）在 $p < 0.001$ 水平上对游客忠诚度具有显著的正向影响，而文化促销、文化支持、文化光环这三个维度均未对游客忠诚度产生显著影响。因此，假设 5 被部分支持。详情如表 6–11 所示。

表 6–11 旅游目的地文化营销与忠诚度的多元回归分析结果

自变量	因变量	非标准化系数		标准化系数 β	t 值	p 值
		B	标准误差			
忠诚度	常数	0.809	0.226		3.582	0.000
	文化促销	0.034	0.070	0.029	0.482	0.630
	文化支持	0.109	0.092	0.083	1.190	0.235
	文化演绎	0.497	0.092	0.408	5.417	0.000***
	文化光环	0.071	0.092	0.057	0.767	0.443
R^2=0.293，adj.R^2=0.286，F=44.643（p=0.000）*p < 0.05，**p < 0.01，***p < 0.001						

六、假设 6 的验证

正如研究假设与模型提出的，旅游目的地文化营销可能会影响游客忠诚度，旅游目的地文化营销会影响游客对目的地品牌资产的感知，良好的目的地品牌资产感知也会影响游客的忠诚度，由此推测旅游目的地文化营销对游客忠诚度的影响是通过旅游目的地品牌资产作为中介发挥作用的。因此，为了进一步检验旅游目的地品牌资产是否在其中具有中介效应，本研究借鉴 Baron 和 Kenny（1986）的因果逐步回归法来验证旅游目的地品牌资产与游客忠诚度的影响关系中地方依恋是否存在中介效果。第一，检验自变量（X）与中介变量（M）回归系数的显著性。第二，检验自变量（X）与因变量（Y）的影响关系。第三，将自变量（X）与中介变量（M）同时投入检验中介变量与因变量（Y）的影响关系。此时，如果自变量的回归系数不显著，可以说具有完全中介效应（Complete Mediating），如果小于第二阶段自变量的回归系数，则可以说具有部分中介效应（Partial Mediating）。

首先，考察品牌知名度是否在旅游目的地文化营销的子维度影响忠诚度的过程中起中介作用，如表6-12所示，第一阶段的回归模型中，文化演绎（β=0.364，$p < 0.001$）对品牌知名度有显著正向影响，但文化促销、文化支持、文化光环并未影响认知。第二阶段分析显示只有文化演绎（β=408，$p < 0.001$）对游客忠诚度有显著正向影响。第三阶段将品牌知名度纳入模型中进行检验，结果发现品牌知名度对游客忠诚度有显著正向影响（β=0.454，$p < 0.001$）。此外，第三阶段文化演绎的标准化系数（β=0.227）小于第二阶段的标准化系数（β=0.408），这表明，在文化演绎对游客忠诚度的影响关系中，品牌知名度存在部分中介效果。

表 6-12　旅游目的地文化营销与游客忠诚度影响关系中品牌知名度的中介效果分析结果

	自变量	因变量	非标准化系数		标准化系数 β	t值	p值
			B	标准误差			
第一阶段（X-M）	品牌知名度	文化促销	0.084	0.055	0.087	1.531	0.126
		文化支持	-0.113	0.072	-0.102	-1.578	0.115
		文化演绎	0.372	0.071	0.364	5.214	0.000***
		文化光环	0.130	0.069	0.126	1.888	0.060
	R^2=0.209，adj.R^2=0.203，F=36.327（p=0.000）*p < 0.05，**p < 0.01，***p < 0.001						
第二阶段（X-Y）	忠诚度	文化促销	0.034	0.070	0.029	0.482	0.630
		文化支持	0.109	0.092	0.083	1.190	0.235
		文化演绎	0.497	0.092	0.408	5.417	0.000***
		文化光环	0.071	0.092	0.057	0.767	0.443
	R^2=0.293，adj.R^2=0.286，F=44.643（p=0.000）*p < 0.05，**p < 0.01，***p < 0.001						
第三阶段（X，M-Y）	忠诚度	文化促销	-0.004	0.063	-0.003	-0.060	0.952
		文化支持	0.080	0.082	0.061	0.977	0.329
		文化演绎	0.276	0.085	0.227	3.266	0.001**
		文化光环	0.026	0.082	0.021	0.316	0.752
		品牌知名度	0.523	0.050	0.454	10.446	0.000
	R^2=0.436，adj.R^2=0.430，F=66.500（p=0.000）*p < 0.05，**p < 0.01，***p < 0.001						

其次，考察品牌形象是否在旅游目的地文化营销的子维度影响游客忠诚度的过程中起中介作用，如表6-13所示。

第一阶段的回归模型中文化演绎（β=0.409，p ＜ 0.001）、文化光环（β=0.321，p ＜ 0.001）对品牌形象产生显著的正向影响。第二阶段的回归模型中只有文化演绎（β=0.408，p ＜ 0.001）对游客忠诚度产生了显著的正向影响。第三阶段将品牌形象纳入模型中进行检验，结果发现品牌形象对游客忠诚度有着显著的正向影响（β=0.509，p ＜ 0.001）。此外，第三阶段文化演绎的标准化系数为 0.171，小于第二阶段的标准化系数（β=0.408）。此外，第三阶段标准化系数小于第二阶段的标准化系数。这意味着，在旅游目的地文化营销和游客忠诚度的影响关系中，品牌形象存在部分中介效果。

表 6–13　旅游目的地文化营销与游客忠诚度影响关系中品牌形象的中介效果分析结果

<table>
<tr><th rowspan="2"></th><th rowspan="2">自变量</th><th rowspan="2">因变量</th><th colspan="2">非标准化系数</th><th>标准化系数</th><th rowspan="2">t 值</th><th rowspan="2">p 值</th></tr>
<tr><th>B</th><th>标准误差</th><th>β</th></tr>
<tr><td rowspan="5">第一阶段（X–M）</td><td rowspan="4">品牌形象</td><td>文化促销</td><td>−0.063</td><td>0.043</td><td>−0.071</td><td>−1.454</td><td>0.147</td></tr>
<tr><td>文化支持</td><td>0.015</td><td>0.057</td><td>0.014</td><td>0.262</td><td>0.794</td></tr>
<tr><td>文化演绎</td><td>0.388</td><td>0.056</td><td>0.409</td><td>6.877</td><td>0.000***</td></tr>
<tr><td>文化光环</td><td>0.309</td><td>0.054</td><td>0.321</td><td>5.672</td><td>0.000***</td></tr>
<tr><td colspan="7">R²=0.426，adj.R²=0.422，F=102.200（p=0.000）*p ＜ 0.05，**p ＜ 0.01，***p ＜ 0.001</td></tr>
<tr><td rowspan="5">第二阶段（X–Y）</td><td rowspan="4">忠诚度</td><td>文化促销</td><td>0.034</td><td>0.070</td><td>0.029</td><td>0.482</td><td>0.630</td></tr>
<tr><td>文化支持</td><td>0.109</td><td>0.092</td><td>0.083</td><td>1.190</td><td>0.235</td></tr>
<tr><td>文化演绎</td><td>0.497</td><td>0.092</td><td>0.408</td><td>5.417</td><td>0.000***</td></tr>
<tr><td>文化光环</td><td>0.071</td><td>0.092</td><td>0.057</td><td>0.767</td><td>0.443</td></tr>
<tr><td colspan="7">R²=0.293，adj.R²=0.286，F=44.643（p=0.000）*p ＜ 0.05，**p ＜ 0.01，***p ＜ 0.001</td></tr>
<tr><td rowspan="6">第三阶段（X，M–Y）</td><td rowspan="5">忠诚度</td><td>文化促销</td><td>0.102</td><td>0.064</td><td>0.089</td><td>1.601</td><td>0.110</td></tr>
<tr><td>文化支持</td><td>0.025</td><td>0.084</td><td>0.019</td><td>0.301</td><td>0.764</td></tr>
<tr><td>文化演绎</td><td>0.208</td><td>0.088</td><td>0.171</td><td>2.363</td><td>0.019**</td></tr>
<tr><td>文化光环</td><td>−0.089</td><td>0.085</td><td>−0.072</td><td>−1.053</td><td>0.293</td></tr>
<tr><td>品牌形象</td><td>0.635</td><td>0.065</td><td>0.509</td><td>9.799</td><td>0.000***</td></tr>
<tr><td colspan="7">R²=0.422，adj.R²=0.415，F=62.793（p=0.000）*p ＜ 0.05，**p ＜ 0.01，***p ＜ 0.001</td></tr>
</table>

最后，为了考察旅游目的地文化营销和游客忠诚度影响关系中感知质量的中介效应，采取与上述内容一样的研究方法，结果发现，第一阶段的回归模型中文化支持（β=0.348，p ＜ 0.001）、文化演绎（β=0.312，p ＜ 0.001）对感知质量产生显著的正向

影响。

第二阶段的回归分析显示，只有文化演绎（β=0.408，$p < 0.001$）对游客忠诚度产生了显著的正向影响。

第三阶段将感知质量纳入模型中进行检验，结果发现感知质量对游客忠诚度有着显著的正向影响（β=0.496，$p < 0.001$）。此外，第三阶段文化演绎的标准化系数（β=0.272）小于第二阶段的标准化系数（β=0.408），这表明，在文化演绎和游客忠诚度的影响关系中，感知质量存在部分中介效果。（见表 6-14）

表 6-14　旅游目的地文化营销与游客忠诚度影响关系中感知质量的中介效果分析

	自变量	因变量	非标准化系数		标准化系数 β	t 值	p 值
			B	标准误差			
第一阶段（X-M）	感知品质	文化促销	0.004	0.048	0.004	0.081	0.935
		文化支持	0.404	0.062	0.348	6.485	0.000***
		文化演绎	0.332	0.062	0.312	5.352	0.000***
		文化光环	0.064	0.060	0.060	1.075	0.283
	R^2=0.450，adj.R^2=0.446，F=112.518（p=0.000）*$p < 0.05$，**$p < 0.01$，***$p < 0.001$						
第二阶段（X-Y）	忠诚度	文化促销	0.034	0.070	0.029	0.482	0.630
		文化支持	0.109	0.092	0.083	1.190	0.235
		文化演绎	0.497	0.092	0.408	5.417	0.000***
		文化光环	0.071	0.092	0.057	0.767	0.443
	R^2=0.293，adj.R^2=0.286，F=44.643（p=0.000）*$p < 0.05$，**$p < 0.01$，***$p < 0.001$						
第三阶段（X，M-Y）	忠诚度	文化促销	0.041	0.063	0.036	0.650	0.516
		文化支持	−0.167	0.088	−0.126	−1.902	0.058
		文化演绎	0.331	0.085	0.272	3.915	0.000***
		文化光环	0.036	0.083	0.029	0.428	0.669
		感知质量	0.561	0.057	0.496	9.815	0.000***
	R^2=0.422，adj.R^2=0.416，F=62.879（p=0.000）*$p < 0.05$，**$p < 0.01$，***$p < 0.001$						

七、假设 7 的验证

为了检验旅游目的地文化营销与品牌资产间的影响关系是否会由于地区的差异而有所不同，笔者以访问过首尔的中国游客和访问过北京的韩国游客为调查对象，采用回归分析和 Z- 检验的方法进行验证。

首先，我们来看访问过首尔的中国游客样本，关于旅游目的地文化营销对品牌知名度的影响，分析结果显示文化支持（$\beta=0.160$，$p < 0.05$）、文化演绎（$\beta=0.566$，$p < 0.001$）对品牌知名度有显著的正向影响，接下来分析旅游目的地文化营销对品牌形象的影响，发现文化支持（$\beta=0.134$，$p < 0.05$）、文化演绎（$\beta=0.617$，$p < 0.001$）、文化光环（$\beta=0.147$，$p < 0.05$）对品牌形象有显著正向影响，而文化光环（$\beta=-0.130$，$p < 0.05$）对品牌形象产生了显著的负向影响。最后在感知质量方面，发现文化支持（$\beta=0.463$，$p < 0.001$）、文化演绎（$\beta=0.186$，$p < 0.05$）对感知质量有显著的正向影响。

其次，我们来看访问过北京的韩国游客样本，关于旅游目的地文化营销对品牌知名度的影响，分析结果显示文化促销（$\beta=0.217$，$p < 0.05$）、文化演绎（$\beta=0.293$，$p < 0.05$）、文化光环（$\beta=0.243$，$p < 0.05$）对品牌知名度有显著的正向影响，而文化支持（$\beta=0.383$，$p < 0.001$）对品牌知名度则产生了负向影响。接下来分析品牌形象方面，发现文化演绎（$\beta=0.191$，$p < 0.05$）、文化光环（$\beta=0.362$，$p < 0.001$）对品牌形象有显著正向影响，最后分析感知质量方面，发现文化演绎（$\beta=0.538$，$p < 0.001$）对感知质量有显著的正向影响。

通过 Z- 检验发现，两个调查样本在文化支持（$Z=4.226$，$p < 0.001$）、文化演绎（$Z=2.661$，$p < 0.05$）、文化光环（$Z=-2.541$，$p < 0.05$）对品牌知名度的影响上存在差异。其中，在文化支持影响品牌知名度方面，访问北京的韩国游客（$\beta=-0.383$）比访问过首尔的中国游客（$\beta=0.160$）的影响程度更强。在文化演绎影响品牌知名度方面，访问过首尔的中国游客（$\beta=0.566$）比访问过北京的韩国游客（$\beta=0.293$）影响程度更强。在文化光环影响品牌知名度方面，访问过北京的韩国游客（$\beta=0.243$）比访问过首尔的中国游客（$\beta=-0.095$）影响程度更强。

除此之外，笔者也发现，两个样本在文化促销（$Z=-2.677$，$p < 0.05$）、文化演绎

（Z=3.909，p ＜ 0.001）影响品牌形象方面存在差异。不仅如此，在文化促销影响品牌形象方面，访问过首尔的中国游客（β=-0.130）比访问过北京的韩国游客（β=0.125）影响程度更强。在文化演绎影响品牌形象方面，访问过首尔的中国游客（β=0.617）比访问过北京的韩国游客（β=0.191）影响程度要更强。详细内容如表 6-15 所示。

表 6-15　不同地域文化营销与品牌资产之间影响关系的差异分析

因变量	自变量	访首尔中国游客（n=288）					访北京韩国游客（n=267）					Z-Score
		b1	SE1	β	t 值	p 值	b2	SE2	β	t 值	p 值	
品牌知名度	常数	0.565	0.236		20.395	0.017	2.697	0.223		12.115	0.000	−6.574
	文化促销	0.044	0.070	0.043	0.633	0.527	0.191	0.078	0.217	2.442	0.015**	−1.397
	文化支持	0.192	0.092	0.160	20.101	0.036**	−0.384	0.101	−0.383	−3.798	0.000***	4.226***
	文化演绎	0.633	0.094	0.566	60.735	0.000***	0.266	0.101	0.293	2.624	0.009**	2.661**
	文化光环	−0.108	0.098	−0.095	−1.099	0.273	0.222	0.085	0.243	2.617	0.009**	−2.541**
	F=48.271（p ＜ 0.001），R^2=0.406，adj.R^2=0.397						F=15.253（p ＜ 0.001），R^2=0.189，adj.R^2=0.177					
品牌形象	常数	0.659	0.176		3.749	0.000	1.600	0.195		8.188	0.000	−3.580
	文化促销	−0.121	0.052	−0.130	−2.314	0.021**	0.110	0.069	0.125	1.604	0.110	−2.677**
	文化支持	0.144	0.068	0.134	2.104	0.036**	−0.006	0.089	−0.006	−0.072	0.943	1.339
	文化演绎	0.616	0.070	0.617	8.790	0.000***	0.174	0.089	0.191	1.956	0.031**	3.909***
	文化光环	0.148	0.073	0.147	2.019	0.044**	0.332	0.074	0.362	4.459	0.000***	−1.759
	F=99.478（p ＜ 0.001），R^2=0.584，adj.R^2=0.579						F=40.019（p ＜ 0.001），R^2=0.379，adj.R^2=0.370					
感知质量	常数	0.259	0.213		1.219	0.224	1.158	0.214		5.408	0.000	−2.977
	文化促销	−0.013	0.063	−0.013	−0.208	0.835	−0.084	0.075	−0.086	−1.111	0.267	0.718
	文化支持	0.555	0.083	0.463	6.715	0.000***	0.145	0.097	0.131	1.489	0.138	3.210**
	文化演绎	0.208	0.085	0.186	2.446	0.015**	0.539	0.097	0.538	5.536	0.000***	−2.568**
	文化光环	0.157	0.089	0.139	1.765	0.079	0.043	0.082	0.043	0.529	0.597	0.941
	F=73.731（p ＜ 0.001），R^2=0.510，adj.R^2=0.503						F=40.972（p ＜ 0.001），R^2=0.385，adj.R^2=0.375					

*p ＜ 0.05，**p ＜ 0.01，***p ＜ 0.001

最后，通过 Z- 检验也验证了两个样本之间的文化支持（Z=3.210，p ＜ 0.05）、文化演绎（Z=-2.568，p ＜ 0.05）在影响感知质量方面存在差异。其中，在文化支持影响感知质量方面，访问过首尔的中国游客（β=0.463）比访问过北京的韩国游客

（β=0.131）影响程度更强。而在文化演绎影响感知质量方面，访问过北京的韩国游客（β=0.538）比访问过首尔的中国游客（β=0.186）影响程度更强。

第四节 验证结果

本文以访中韩国游客与访韩中国游客为研究对象，构建了旅游目的地文化营销、品牌资产、地方依恋以及游客忠诚度的理论模型，有效解释了旅游目的地文化营销对品牌资产、地方依恋和游客忠诚度的影响机制，检验了旅游目的地品牌资产的中介作用。研究发现：

第一，旅游目的地文化营销的文化演绎对品牌知名度有显著的正向影响，但文化促销、文化支持、文化光环并未对品牌知名度产生影响，这表明假设 1-1 被部分支持；文化演绎、文化光环对品牌形象有显著正向影响，而文化促销、文化支持却未对品牌形象产生显著影响，这表明假设 1-2 被部分支持；文化支持、文化演出对感知质量有显著正向影响，而文化促销、文化光环未对感知质量产生显著影响。这表明假设 1-3 被部分支持。

第二，探讨了旅游目的地品牌资产对地方依恋的影响机制，结果发现旅游目的地品牌资产的三个维度（品牌知名度、品牌形象、感知质量）均对地方依恋的两个维度（地方依赖、地方认同）有显著正向影响，因此，假设 2 被支持。

第三，探讨了旅游目的地品牌资产对游客忠诚的影响机制，结果发现旅游目的地品牌资产的三个维度（品牌知名度、品牌形象、感知质量）均对游客忠诚度有显著地正向影响，因此，假设 3 被支持。

第四，探讨了地方依恋对游客忠诚度的影响机制，结果发现地方依恋的两个维度（地方依赖、地方认同）均对游客忠诚度起着显著的正向影响。因此，假设 4 被支持。

第五，探讨了旅游目的地文化营销对游客忠诚的影响机制，结果发现旅游目的地文化营销的子维度中，只有文化演绎对游客忠诚度有显著正向影响，而文化促销、文化支持、文化光环对游客忠诚度均没有产生显著影响，假设 5 被部分支持。

第六，检验了旅游目的地品牌资产在文化营销与游客忠诚度影响关系间的中介效应，结果发现旅游日的地品牌资产的子维度品牌知名度、品牌形象、感知质量在文化演绎与游客忠诚的影响关系中具有部分中介效应，而文化促销、文化支持并未产生中介效果，假设 6 被部分支持。

第七，检验了旅游目的地文化营销对品牌资产影响关系中是否存在国家差异，结果发现，在品牌知名度方面，文化支持、文化演绎、文化光环对品牌知名度的影响关系存在国家差异，但文化促销并无差异；在品牌形象方面，文化促销、文化演绎对品牌形象的影响关系存在差异，但文化支持、文化光环没有差异。在感知质量方面，文化支持、文化演绎对感知质量的影响关系上显示存在差异，而文化促销、文化光环并无差异。假设 7 被部分支持。研究结果如表 6-16 所示。

表 6-16 验证结果

假设	支持维度	驳回维度	分析结果
H1 旅游目的地文化营销对品牌资产有显著的正向影响			部分支持
H1-1 旅游目的地文化营销——品牌知名度	文化演绎	文化促销 文化支持 文化光环	部分支持
H1-2 旅游目的地文化营销——品牌形象	文化演绎 文化光环	文化促销 文化支持	部分支持
H1-3 旅游目的地文化营销——感知质量	文化支持 文化演绎	文化促销 文化光环	部分支持
H2 旅游目的地品牌资产对地方依恋有显著的正向影响			支持
H2-1 旅游目的地品牌资产——地点依赖	品牌知名度 品牌形象 感知品质		支持
H2-2 旅游目的地品牌资产——地点认同	品牌知名度 品牌形象 感知质量		支持
H3 旅游目的地品牌资产对忠诚度有显著的正向影响	品牌知名度 品牌形象 感知质量		支持
H4 地方依恋对游客忠诚度有显著的正向影响	地方依赖 地方认同		支持
H5 旅游目的地文化营销对忠诚度有显著的正向影响	文化演绎	文化促销 文化支持 文化光环	部分支持

续表

假设	支持维度	驳回维度	分析结果
H6 旅游目的地文化营销与忠诚度影响关系之间品牌资产具有中介作用			部分支持
H6-1 文化营销—品牌知名度—游客忠诚度	文化演绎	文化促销 文化支持 文化光环	部分支持
H6-2 文化营销—品牌形象—游客忠诚度			部分支持
H6-3 文化营销—感知质量—游客忠诚度			部分支持
H7 旅游目的地文化营销与品牌资产的影响关系中国家间会有差异			部分支持
H7-1 文化营销—品牌知名度（首尔，北京）	文化支持 文化演绎 文化光环	文化促销	部分支持
H7-2 文化营销—品牌形象（首尔，北京）	文化促销 文化演绎	文化支持 文化光环	部分支持
H7-3 文化营销—感知质量（首尔，北京）	文化支持 文化演绎	文化促销 文化光环	部分支持

第七章
研究结论

第一节 研究结果解释

本研究旨在研究游客感知的旅游目的地文化营销与品牌资产、地方依恋、游客忠诚度之间的影响关系，检验旅游目的地文化营销与忠诚度之间品牌资产的中介效应。研究结论意在为旅游目的地制定品牌营销策略，实现文旅产业高质量发展，打造独特品牌，进而在提高游客忠诚度上提供理论依据与实践指导。在梳理相关文献的基础上，界定了旅游目的地文化营销、品牌资产、地方依恋以及游客忠诚度的概念，通过对样本数据的因子分析，结合学者研究成果，将旅游目的地文化营销分为文化促销、文化支持、文化演绎、文化光环四个维度，将旅游目的地品牌资产分为品牌知名度、品牌形象、感知质量三个构成维度，将地方依恋分为地方依赖与地方认同两个维度，将忠诚度设置为单一维度。在此基础上，构建了变量间的理论框架模型和假设。

本研究面向访韩中国游客和访中韩国游客，从 2018 年 9 月 20 日至 10 月 19 日期间共发放 600 份问卷，收回 576 份，将其中有效样本 555 份作为最终研究样本，采用 SPSS 25.0 软件进行实证分析。研究结果总结如下。

第一，数据处理结果显示，文化演绎对旅游目的地品牌资产的所有维度均有显著的正向影响，文化光环对品牌形象有显著正向影响，文化支持对感知质量有显著正向影响，这意味着，要形成旅游目的地良好的品牌资产，文化演绎是最有效的文化营销手段。

第二，旅游目的地的品牌资产对地方依恋有显著的正向影响，感知质量对地方依赖与地方认同的影响最大，品牌形象与品牌知名度对地方依赖有显著的正向影响，其中，品牌形象影响比品牌知名度更强，而对地方认同的影响结果发现，品牌知名度的影响要比品牌形象的积极影响更大。说明不同维度之间的影响程度不同。

第三，旅游目的地品牌资产对游客忠诚度的正向影响关系也得到了验证，即旅游目的地的品牌知名度、品牌形象、感知质量都对游客忠诚度产生了积极影响。影响力大小依次是感知质量、品牌知名度和品牌形象。这表明游客对旅游目的地品牌的感知质量对游客忠诚度具有较强的直接影响，当游客对旅游目的地的感知质量、品牌知名度和品牌形象有较为积极的感知时，游客对旅游目的地的评价结果也会有相应的提升，从而也会提高游客的忠诚度，反之亦然。从检验结果上来看，旅游目的地品牌资产是影响游客忠诚度的重要前置变量。因此，旅游目的地要完善目的地基础设施建设，提高住宿、交通等旅游产品以及服务质量，采用多元产品塑造目的地品牌形象，继而实现游客对感知质量心理感知的正向影响。

第四，本研究进一步证实，地方依恋对游客忠诚度有显著的正向影响，并且地方依恋维度下的地方依赖与地方认同均对游客忠诚度产生了积极影响。与地方依赖相比，地方认同对游客忠诚度影响最大。具体来说，游客在游览过程中，与目的地产生了特定情感联系，这在一定程度上会增加游客的重游意愿或向他人积极推荐该目的地的意向，这一发现与以往有关地方依恋与忠诚度相关的研究发现基本一致。旅游目的地可以通过各种差异化的营销活动，让游客形成对旅游目的地的积极情绪，进而产生重游目的地或传播相关口碑信息的意愿。

第五，旅游目的地维度下的文化演绎对游客忠诚度有显著的正向影响，文化促销、文化支持、文化光环对游客忠诚度未产生显著影响。这意味着，文化演绎在提高游客忠诚度上起着至关重要的作用，提升旅游目的地文化体验价值可以增加游客的重游热情以及推荐意愿。

第六，旅游目的地品牌资产在旅游目的地的文化营销对游客忠诚度影响关系中起部分中介作用，即游客在旅游目的地所获得的文化体验可通过品牌形象、感知质量与品牌知名度的中介分别对游客的忠诚度产生作用，形成“文化体验—品牌资产—忠诚度”的作用机制。这一发现也丰富了有关文化营销与游客忠诚度之间关系的研究。

第七，验证了旅游目的地文化营销与品牌资产之间的影响关系上国家间是存在差异的。对于首尔来说，文化支持、文化演绎对品牌知名度有显著的正向影响，而文化促销、文化光环并未对其产生影响，文化支持、文化演绎、文化光环对品牌形象产生了显著影响，而文化促销却对其产生了负面影响；文化支持、文化演绎对感知品质起着显著的正向影响，而文化促销与文化光环却未对其产生影响。对于北京来说，文化促销、文化演绎、文化光环表现出对品牌知名度的正向影响，这表明，北京要通过利用数字化平台，如社交媒体、短视频平台等将其特色文化进行推广，通过发布文化相关内容、推出文化主题活动等方式，吸引更多的国外游客关注和参与，全方位提升北京的国际知名度。研究结论发现文化支持对品牌知名度产生了负的影响，究其原因，可能是北京在文化艺术设施建设方面仍存在一些问题和不足，无法满足游客的文化需求，抑或是外国游客对北京的文化支持情况不了解、对文化体验相关项目不清楚的原因导致结果出现了负面影响。文化促销、文化光环对品牌形象有显著的正向影响，而文化促销、文化支持对其没有影响。感知质量方面只有文化演绎对其产生了显著的正向影响。

第二节　研究启示

1. 学术启示

第一，关于文化营销的先行研究可知，大部分都是以一般企业为研究对象进行分析，而本研究的创新之处在于以旅游目的地为研究对象探讨旅游目的地文化营销在旅游发展中的应用，并对其维度进行了探讨。

第二，基于顾客的目的地品牌资产这一研究尚未被充分探索，国内对旅游目的地品牌资产的研究多集中在品牌资产的概念维度（苑炳慧与辜应康，2015；郭永锐与陶犁，2013；刘丽娟与吕兴洋，2016）、影响因素（沈雪瑞等，2016；韩慧林与邹统钎，2022）的探讨，较少从文化营销的视角分析旅游目的地品牌资产的形成机制，但深入探讨这一问题对于完善目的地营销绩效评价的研究和实践工作具有重要意义。目前该研究方向尚未受到国内旅游者的广泛重视，但随着国外相关研究的逐渐兴起以及旅游目的地对于品牌营销效果评价的迫切需求，这一研究主题的引入只是时间问题。本研究通过验证在旅游目的地层面实施的文化营销对品牌资产、地方依恋和游客忠诚度的显著影响，扩展了旅游领域的研究范围，具有重要的学术意义和实践价值。这项研究为进一步理解旅游目的地的品牌资产构建与管理提供了深入洞察，为未来景区文化营销应用方案的制定和实施提供了基础资料。

第三，通过本研究的分析结果，确认了旅游目的地文化营销子维度，如文化演绎、文化支持和文化演绎对品牌形象与感知质量的积极影响。这一发现为之前 Na Youn Ju（2013）和 Kang Hwa（2017）的实证分析结果提供了支持，并验证了旅游目的地品牌资产对地方依恋有显著正向影响的结论。这一结果进一步验证了 Lee JiWon（2017）和 Park ByeongJik（2014）等研究中提到的观点，即旅游目的地的品牌资产水平与地方依恋之间存在正相关关系。同时，本研究还验证了旅游目的地品牌资产对忠诚度具有显著正向影响，这为 Cho Seung Hyun（2015）和 Choi JeongHyo（2017）关于品牌知名度对重游意愿和正面口碑影响的研究提供了支持。此外，研究结果进一步验证了地点依恋对忠诚度的影响关系，与 Kim JiHyeon（2014）和 Park SeoIn（2017）的研究结果相一致，即游客对地方的依恋会促使其产生忠诚度。这表明，为提升游客忠诚度需要制定能够激发游客情感的文化营销策略等战略措施。

第四，在前期研究基础上，本研究提取品牌资产的衡量维度，包括品牌知名度、品牌形象和感知质量，并验证了其对地方依恋和忠诚度的显著影响。这一发现证明了品牌知名度、品牌形象和感知质量作为旅游目的地的品牌资产衡量维度的合理性和适用性，具有重要的学术和实践意义。

第五，在前期研究中，已经对旅游目的地文化营销与品牌资产、品牌资产与满意度、品牌态度、品牌形象之间的影响关系进行了分析。而本研究则在此基础上，综合分析了旅游目的地文化营销对品牌资产、地方依恋以及游客忠诚度的影响，并检验了品牌资产的中介效应。特别值得注意的是，本研究发现旅游目的地文化营销构成维度中的文化演绎不仅直接影响旅游目的地品牌资产和游客忠诚度，而且验证了旅游目的地品牌资产（品牌知名度、品牌形象、感知质量）的中介作用，这具有重要的学术意义。这一发现为未来对旅游目的地文化营销、品牌资产和游客忠诚度之间关系的研究提供了新的理解与方向，为学术界的进一步探索做出了贡献。

第六，现有研究通常局限于单一旅游目的地的研究，而本研究则同时考察了首尔和北京两个地区的文化营销情况，这具有重要的学术和实践意义。

第七，本研究从旅游目的地文化营销对品牌资产的影响关系出发，对首尔和北京之间的差异进行了分析。研究结果揭示了两个城市的共性和差异性，为它们制定适当的文化营销战略提供了有益的参考，具有重要的实践意义和指导意义。

2. 实践启示

第一，研究发现文化演绎对品牌知名度、品牌形象和感知质量均具有显著的正向影响。这一发现意味着旅游目的地将文化特色融入旅游产品、服务、城市建设中的文化演绎可以帮助旅游目的地凸显其独特的文化特色，使其在游客心中建立起独特而具有辨识度的品牌形象。因此，旅游目的地的城市建设和公共空间应该反映出当地独特的文化氛围和历史传统。通过建筑设计、街道布局、公园景观等方面的文化元素融入，为游客营造出沉浸式的文化体验。这种独特的城市风貌和文化氛围不仅可以吸引游客，还能够为目的地树立起独特的品牌形象和文化地标，提升其品牌资产。

第二，对于北京来说，文化促销、文化演绎、文化光环表现出对品牌知名度的正向影响，换言之，旅游目的地文化营销在提升旅游目的地品牌认知度方面具有显著的作用和重要性。因此，北京应进一步扩大目前进行的文化营销活动，这包括在广告、电影、电视剧等媒介中加强特色文化元素的展示，还可以充分利用国家的文化影响力，通过举办文化艺术活动等方式，提升旅游目的地的品牌认知，这些举措不仅有助于加深国外游客对北京的印象，持续吸引游客，还能够使其在国外游客心目中树立更加积极的品牌形象。

第三，对于首尔来说，研究发现与北京不同，文化促销并未对品牌知名度、感知质量产生显著影响，对品牌形象还产生了负的影响。这表明，尽管韩国电影、电视剧、音乐、时尚等文化在中国广泛普及，但这并不意味着中国游客会将韩国的流行文化与独特的品牌形象相联系，例如韩剧、韩流音乐等，在中国年轻人中有着广泛的影响力，但旅游目的地感知质量受到多方面因素的影响，中国游客感知旅游产品和服务时，更加关注目的地的历史、文化、景观等特色，而不是仅仅受到流行文化的影响。这一结论对首尔的品牌建设和营销策略具有重要启示，即需要认识到流行文化在旅游目的地品牌形象塑造中的局限性，不能过分依赖流行文化，而应该充分挖掘和展示目的地自身的文化特色和魅力。另一方面，研究发现文化支持、文化演绎对品牌知名度、品牌形象、感知质量都产生了显著的正向影响，又进一步验证了旅游目的地应将当地旅游产品、服务和城市建设与文化特色相结合，这有助于游客形成对该目的地独特的品牌形象认知。从样本的人口统计特征来看，数据显示了一个有趣的现象：多次访问首尔的中国游客占据较大比例。这一特征提示着一个重要的观点：多次访问首尔的游客往往已经对该目的地有着较深入的了解和体验，他们可能已经通过多次的游览，对首尔的文化、历史、景观等方面有了更为全面的认识。因此，他们对首尔的认知和评价更多地受到文化支持、文化演绎等营销手段的影响，而不是简单依赖于短期的文化促销手段。这一结果提示我们文化支持和文化演绎等营销手段在塑造目的地形象和提升品牌知名度方面起着至关重要的作用，这些举措可以向游客传递更加深刻的文化内涵和旅游体验，有助于深化游客对目的地的认知和情感联结。

第四，为了有效地推动旅游目的地的发展，必须明确分析目的地所追求的目标，并选择适合的文化营销类型。这意味着必须在制定文化营销策略时，深入研究旅游目的地的特色、优势和发展需求，以确保选用的文化营销类型能够最大程度地促进目的地的品牌建设和形象塑造。对于首尔作为旅游目的地而言，文化支持和文化演绎被认为是比文化促销更有效的品牌形象提升手段。然而，对于北京而言，文化促销、文化演绎和文化光环相较于文化支持更为有效。这种差异可能源于首尔和北京的文化特色、市场定位以及目标受众的需求和偏好的不同。因此，在制定文化营销策略时，需要深入了解目的地的特点、市场需求以及竞争环境，以便选择最适合的策略，以最大程度地提升品牌形象和知名度。这种定制化的策略制定过程需要综合考虑目的地的文化资源、历史底蕴、地理位置以及目标受众的偏好和需求，以确保所采取的文化营销策略能够切实地契合目的地的特色和市场定位，从而取得最佳的营销效果。这一过程还需要不断地监测和调整，以适应市场变化和消费者需求的变化，从而实现品牌形象和知名度的持续提升。

第五，针对首尔和北京两个旅游目的地的比较研究发现，文化支持对品牌知名度、品牌形象和感知质量在两地产生了不同的影响。在首尔，文化支持对这些方面都产生了显著的正向影响，而在北京，文化支持则对品牌知名度产生了显著的负面影响，对品牌形象与感知质量并未产生显著影响。进一步分析发现，受访的韩国游客中，大部分只去过北京一次，这可能是导致游客感知北京文化支持活动影响力不足的原因之一。另外，也有可能是由于北京的文化支持活动不够吸引外国游客，或是外国游客对北京的文化支持活动缺乏了解，导致其对品牌知名度产生负面影响。因此，为了提升外国游客对文化营销活动的关注和了解，有必要积极宣传北京的文化支持活动，增加其知名度和吸引力。此外，还需要深入了解适合不同国家游客的文化支持活动，并据此进行文化营销策略的制定。开发容易被外国游客接受并吸引人的文化活动或文化体验项目，将有助于增强旅游目的地的品牌形象和吸引力，提升游客对目的地的认知和满意度。首尔的文化支持活动被普遍视为成功的典范。自 2008 年起，首尔市实施了名为“外国人首尔文化宣传”的项目，旨在通过巴士旅游和徒步游等形式，为外国游客提供观光体验的同时，促进对首尔文化的深入理解。该项目详细规划了参观景福宫、清德宫等景点，并提供了体验传统文化、跆拳道、书法、泡菜制作、K-pop（韩国流行音乐）等韩国传统文化的机会。这些文化支持活动不仅增强了外国游客对首尔的文化认知，还对首尔的品牌资产产生了积极影响，因此有必要持续实施。此外，首尔还通过海外媒体、博主等传播首尔的魅力，积极扩大首尔品牌在国际上的曝光机会。通过博客、社交媒体等渠道的积极宣传，可以进一步提升首尔在国际上的知名度和形象，吸引更多游客前往首尔旅游，促进首尔旅游业的发展。这种针对外国游客的文化支持活动和国际传播策略的实施，对于首尔旅游品牌的提升和推广至关重要，应当得到持续推进和加强。通过不断改进和完善文化支持项目，并加强与海外媒体的合作与沟通，将有助于进一步巩固和提升首尔在国际旅游市场上的竞争地位，为首尔的旅游业发展注入新的活力和动力。

第六，旅游目的地的文化营销对品牌资产、品牌资产对地方依恋、游客忠诚度均具有显著的正向影响。因此，旅游目的地应致力提升品牌资产的价值。通过增加观光目的地的品牌资产价值，可以培养游客对该地区的热爱，从而吸引更多游客，并提高他们的回头率和忠诚度。因此，对于旅游目的地的政府和与观光相关的产业来说，通过文化营销来提升旅游目的地的品牌资产至关重要。为了实现这一目标，需要制定政策和策略，以提高游客对品牌的好感度，并不断改进这些措施，以促进游客的回访和口碑传播。这可能包括推出具有地方特色的文化活动、提供个性化的服务体验、加强目的地的形象营销以及利用社交媒体等渠道积极宣传。通过这些努力，旅游目的地可以增强其品牌资产的吸引力和竞争力，实现持续的游客流量和业务增长。

第三节 研究的局限性及未来研究方向

本研究对旅游目的地文化营销、品牌资产、地方依恋和游客忠诚度之间的关系进行了深入研究，从理论和实践角度为旅游营销领域提供了重要的学术启示和实践意义。通过对相关因素的分析，本研究得出了一系列重要结论，为旅游目的地营销的研究提供了新的视角，但仍存在一些局限。

第一，本研究将中韩两国的首都作为研究对象，仅考虑了中韩游客的观点和体验，这在一定程度上限制了对旅游日的地文化营销与品牌资产、地方依恋和忠诚度关系的全面理解。因此，有必要将研究的样本和研究范围扩大至其他旅游景点和其他国家的游客，以获取更广泛的数据和观点。通过扩大研究的样本和范围，可以更全面地了解不同旅游目的地文化营销策略的效果，并且能够比较不同国家、不同地区的游客对文化营销的反应和态度。这样的研究设计有助于提高研究的泛化能力和适用性，从而为旅游目的地的文化营销策略提供更有价值的参考和指导。因此，未来的研究可以考虑扩大样本和研究范围，涵盖更多的旅游目的地和游客群体，以更全面、深入地探讨文化营销对旅游目的地品牌资产和游客忠诚度的影响机制。

第二，文化作为一种非常抽象的概念，可能导致游客旅游目的地文化营销问卷调查结果存在一定程度的误差，因为游客可能并未意识到自己受到了文化营销的影响。因此，未来的研究需要开发更精确可衡量的文化营销尺度和问卷调查，以确保有效捕捉游客对旅游目的地文化营销的反应和感知。在此基础上，未来研究可详细整理和说明旅游目的地文化营销的相关案例，以便游客更加了解和认识到自己所受到的文化营销影响，然后再进行问卷调查，以获取更准确的数据和反馈。这样的研究设计有助于提高研究结果的可靠性和有效性，从而更准确地评估文化营销对旅游目的地品牌资产和游客忠诚度的影响效果。同时，也能够为景区营销策略的制定提供更加可靠的依据和指导。

第三，由于受调查游客的职业主要为学生，这会导致样本比例在职业上具有一定的局限性，从而限制了研究结果的概括性和适用性。因此，今后的研究需要拓展样本范围，涵盖反映更广泛人口统计特征的样本。为了克服这一局限性，未来的研究可以采用更多元化的样本来源，包括不同职业、年龄、教育背景和经济水平的游客群体。通过在样本选取和调查设计上的精心规划，可以确保样本的多样性和代表性，从而更好地反映出不同人群对旅游目的地文化营销的认知和反应。

第四，本研究针对首尔和北京的文化营销进行了研究，但存在一个局限性，即未对游客到访的具体旅游景点进行调查。因此，今后的研究需要对游客在旅游过程中实际到访的景点进行更详细地调查和研究。通过对游客在不同景点的文化体验和文化营销活动的感知和评价进行调查，可以更全面地了解游客对不同景点文化营销策略的反应和偏好。这有助于揭示不同景点之间文化营销效果的差异性，进而为旅游目的地提供更加个性化和有效的营销策略。在未来的研究中，可以通过设计针对不同景点的问卷调查或深度访谈等方法，收集游客对文化营销活动的实际体验和观感，从而深入探究景点文化营销对品牌资产和游客满意度的影响机制。这样的研究设计将有助于提高研究结果的准确性和可操作性，为旅游目的地的文化营销策略提供更加科学和有效的指导。

第五，本研究仅分析了旅游目的地文化营销与品牌资产之间的国家间差异，而未深入探讨旅游目的地品牌资产对地方依恋、地方依恋对游客忠诚度、品牌资产对游客忠诚度的影响关系方面的国家或地区之间差异。因此，未来的研究可以在此基础上进一步探讨不同国家或地区之间在品牌资产与游客行为之间的关系上的差异。通过比较不同国家或地区的文化营销策略和游客行为，可以深入理解不同文化背景、市场环境和消费者行为对于品牌资产和忠诚度的影响机制。

尽管存在这些限制，但本研究仍为旅游目的地文化营销的类型、品牌资产、地方依恋和忠诚度等方面提供了重要的基础资料。在未来的研究中，笔者期待对相关领域进行更加学术和实证的讨论，以进一步拓展对于旅游目的地文化营销、品牌资产、地方依恋与游客行为之间关系的认识。

第八章
专题研究

第一节　地格理论视角下的旅游目的地品牌塑造研究——以“行走河南·读懂中国”为例

一、基本情况

（一）研究背景

党的十八大以来，党和国家高度重视中华优秀传统文化的传承和发展问题。在如何通过了解中华文明历史来推动和传承中华优秀传统文化方面，河南省进行了一系列的积极探索，形成了可推广、可借鉴的“河南模式”。实际上，自2019年以来，河南省的文化和旅游产业就开始塑造“行走河南·读懂中国”品牌。无论是2022年河南省第十一次党代会，还是《河南省“十四五”文化旅游融合发展规划》和河南省文化和旅游工作会议等党政会议都明确提出要围绕“行走河南·读懂中国”品牌形象，培养具有国家意义和全球影响力的文化线路，面向世界讲好黄河故事、展示河南形象，进一步提升中原文化国际影响力。2023年6月30日，河南省文旅文创发展大会进一步强调，要加快塑造“行走河南·读懂中国”品牌，为推进中国式现代化建设河南实践注入新动能。可见，塑造“行走河南·读懂中国”品牌已经成为传承弘扬中华优秀传统文化、增强中华民族认同感与凝聚力的重要途径，也是河南省在新发展格局中进入中高端、关键环的重要载体。因此，对“行走河南·读懂中国”的品牌塑造进行研究具有重要的理论意义和现实价值。

（二）研究意义

1. 理论意义

（1）丰富和完善旅游品牌理论体系。挖掘具有代表性的旅游目的地的地格因子，识别旅游目的地品牌的核心构成要素，分析旅游目的地的品牌化过程及影响因素，为定位和提炼“行走河南·读懂中国”个性化品牌基因提供理论支撑。

（2）为旅游目的地品牌塑造提供理论支撑。以旅游者的感知和评价出发，构建旅游目的地品牌基因评价体系，从全域旅游发展和供给侧改革的角度，提出品牌优化路径，为旅游目的地品牌营销和管理提供一定的理论支撑。

2. 现实意义

（1）开展品牌价值评估，有助于旅游目的地制定品牌营销策略。针对旅游者品牌感知和体验分析，开展目的地品牌价值评估，为目的地政府及企业相关管理部门在“行走河南·读懂中国”的品牌定位、品牌宣传、品牌促销、品牌建设等方面提供参考性依据和针对性建议。

（2）对接文旅文创融合发展战略，实现河南省文旅强省建设目标。本研究的开展有助于推动文旅文创融合战略的实施，有助于解决河南省文化旅游品牌形象不清与对外开放度不强等深层次问题，为文旅文创融合发展提供决策参考，进而有效推动河南省文旅强省建设目标的实现。

（3）塑造文旅品牌新形象，助力河南文旅产业高质量发展。质性识别、个性鲜明的河南省旅游目的地形象的品牌基因，可为推动河南省旅游目的地新形象构建提供实践指导，打造具有吸引力、影响力、竞争力的文化旅游品牌，为河南文旅产业高质量发展路径提供政策依据。

（三）研究内容

本研究的研究内容如下。

第一部分：文献梳理

（1）旅游目的地品牌相关概念、研究现状文献梳理。对国内外旅游目的地品牌、地格理论与品牌基因理论的相关文献进行梳理，从理论层面探究构建目的地品牌基因的指标评价体系。

（2）河南省旅游目的地品牌发展现状评估。通过收集国家统计局、文化和旅游部、地市文旅局、统计局等机构发布的年鉴数据和历年报告等统计数据，基于GIS空间分析和时间序列分析等对河南省旅游品牌发展阶段和现状进行二手数据挖掘分析，初步对河南省的品牌价值进行评估，找到制约河南省旅游品牌影响力提升的痛点与困境。

第二部分：指标构建

（1）形成“行走河南·读懂中国”品牌的旅游地格因子

①在携程、马蜂窝等旅游网站搜集相关评论与游记，提取高频词，采用内容分析

法分析河南省在旅游者心中的旅游形象与体验情感，参照专项规划、地方文史资料、官方宣传等相关资料，深入挖掘高频词的类属。②实地考察研究案例地，对旅游者及当地居民进行半结构化访谈，对外地游客与本地游客进行问卷调查，结合网络文本分析内容，初步形成河南旅游形象地格因子库。

（2）建构“行走河南·读懂中国”品牌基因指标评价体系

①借助三力（RAC）模型，对搜集的地格因子进行提取和分析，建立基因类别、基因维度和基因子维度，形成品牌基因识别理论框架。②建构能体现河南特色，具有代表性、影响力、吸引力的品牌基因指标体系。品牌基因筛选模型如图 8-1 所示：

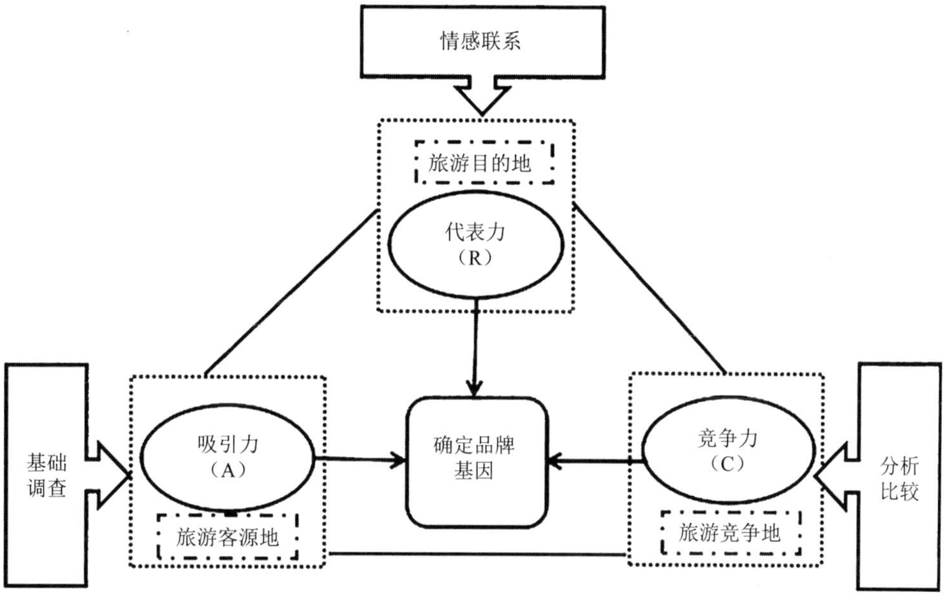

图 8-1　旅游目的地品牌基因筛选理论模型

第三部分：实证评估

确立各指标的权重。通过旅游相关专家的意见和论证，对指标体系的地格因子进行打分评价，结合其他影响因素，通过平均赋值法、主成分法等确定指标权重，对品牌基因进行降序排布，为“行走河南·读懂中国”品牌的塑造与建设提供参考。

第四部分：路径选择

品牌建设路径问题诊断。依据评价结果分析河南旅游品牌价值现状及问题所在。

优化路径。结合学术研究、指标构建和调查研究的相关结论，为河南省“行走河南·读懂中国”的品牌建设路径提供科学合理的对策建议。

二、理论基础

（一）旅游目的地品牌塑造

梳理相关的国内外学术研究发现有关旅游目的地品牌塑造的研究成果多集中在旅游目的地品牌化概念的探讨、品牌化策略、品牌化结果等方面。

旅游目的地品牌化的概念：国外学者对旅游目的地品牌化的概念主要从以下三个方面进行探讨。①从构建品牌本体的角度。目的地品牌化是选择包括名称、标识、文字、设计、口号、包装等一系列的品牌要素，通过塑造积极的目的地形象，让旅游目的地能够轻易被旅游者识别并区分于竞争者（Ritchie，1998；Cai，2002），强调的是一致且独特清晰的品牌元素，可以推动这个品牌形象的构建（Tasci et al.，2006）。②从传播沟通战略的角度。Hall（1999）认为旅游目的地品牌化指的是为传递与特定目的地相联系的能让人满意的独特旅游经历的期望，是一种集中且持续的沟通战略（Pike，2009），对目的地管理实践至关重要（Pike，2005）。③从关系集合的角度。旅游目的地品牌化被认为是旅游者所感知的目的地形象以及与目的地之间形成的一种动态关系（Nickerson，1999）。Morgan（2004）等指出目的地品牌化的关键是创造品牌个性，在品牌和旅游者之间建立情感联系，以此来区分品牌。Blain 等（2005）则融合了以上几个角度，从差异化的名称、符号等品牌要素、传达让旅游者值得记忆旅游体验的预期、旅游者与目的地之间的情感联结、对旅游者决策产生影响等层面提出了目的地品牌化实际上是一系列的市场营销活动。国内学者则倾向于从游客感知和品牌表现形式两个方面对目的地品牌的概念进行界定。①在游客感知上，张文娟（2010）指出旅游目的地品牌是旅游者通过名称、标识等品牌要素对目的地整体形象的联想和感知，是旅游者对目的地提供的一切旅游服务和体验的综合感知。②在品牌表现形式上，梁明珠（2004）认为目的地品牌不仅是用符号、标志等组合来区分不同目的地，还应重视文化、服务等要素来对目的地形象进行管理。学者们虽从不同角度探讨了旅游目的地品牌化的内涵，但都揭示了旅游目的地品牌化对目的地和旅游者都会产生有利影响，即旅游目的地品牌化不仅可以将竞争者区分，形成可持续的竞争优势，还能降低旅游者的搜寻成本，强化游客忠诚度（刘丽娟和李天元，2012）。关于品牌化策略的探讨。学者们主要从品牌形象、品牌个性等层面来研究。目的地品牌形象是国内外学者研究的热点问题，主要涉及目的地品牌形象的概念、维度构成、影响因素以及品牌形象塑造和建设等方面（Ekinci et al.，2011；张红梅等，2019；陆朋，2015；程倩，2020）。品牌个性是将心理学的概念融入营销理念，研究则多聚焦于内涵维度、影响因素、测量及其对旅游者行为的影响上（周永博等，2016；张辉等，2024；冯庆等，2023）。关于品牌化结果的探讨。基于旅游者感知的旅游目的地品牌资产是检验目的地品牌化战略实施效果的重要指标（胡家镜等，2014），通常以品牌知名度、感知质量、品牌形象、品牌忠诚来评价旅游目的地品牌资产，也有学者尝试实证研究营销策略、品牌要素对其影响（胥兴安等，2015；沈雪瑞等，2016）。

上述研究为品牌建设提供了理论依据，但对河南省的旅游目的地品牌构建实践，尚缺少深入的实证研究与理论探讨。

（二）地格理论

地格理论是从地方性理论、品牌个性理论、推拉理论以及资源基础论的基础上发展起来的，20 世纪 80 年代末被引入旅游研究领域。邹统钎（2006）将地格定义为旅游目的地的内质，即地格是内化的、体验的文脉与地脉的综合体，是地方长期历史演变的产物。鉴于地格的旅游学含义并不突出，邹统钎（2015）又将生活方式的理念引入到地格概念中，提出旅游目的地生活方式的本质特征即地格。在此基础上，有学者认为，旅游目的地的竞争走向“无个性”地方趋同陷阱的根源在于目的地品牌营销过程中仅注重宣传推广，忽视了目的地长期积累形成的生活方式的本质特征，从而导致“地方缺失”的旅游目的地品牌难以建立起地方和游客之间的情感关联（邹统钎等，2021）。而地格理论关注的就是这种具有地方生活灵魂的本质特征，认为借助地方独特资源，提炼出具有代表性、吸引性与竞争性的地格因子才是旅游目的地品牌塑造的关键所在。

（三）品牌基因理论

品牌基因理论融合了遗产学、细胞生物学以及市场营销学的概念，是能体现品牌核心价值以及影响品牌发展的核心构成要素（邹统钎等，2021），Anholt、Saraniemi、邹统钎等学者将品牌基因理论引入旅游领域，提出了旅游目的地品牌基因是地方特有的人文与自然属性以及核心价值，邹统钎认为旅游目的地品牌的竞争其实是地方生活方式的竞争，即塑造独特个性的旅游目的地品牌，关键在于挖掘基于生活方式的地方特质。并提出了地格理论，认为具有地方特有、地方依赖、难以言传的地格因子可以形成持久竞争优势的品牌基因。现有研究聚焦于目的地品牌基因特征与价值的分析（Almeida et al.，2012；杨懿等，2017）以及品牌识别框架的探索（Saraniemi，2010）。对目的地品牌基因的筛选仅有个别旅游学者对粤港澳大湾区旅游品牌基因（邹统钎等，2021），“千年运河”旅游品牌基因（邹统钎等，2022），泉州品牌基因（王畅，2018），丝绸之路旅游品牌基因（韩慧林，2020）进行了研究，仍未形成一个系统的理论框架。虽然这些研究对当地具有一定的参考价值，但结合到河南省的具体情况，品牌塑造路径缺乏可操作性。

三、研究设计

（一）研究对象

“行走河南·读懂中国”是河南省政府在2019年提出，并经2021年河南省第十一次党代会确认的旅游目的地品牌，从提出至今一直备受河南省委省政府的重视。近年来，河南省旅游主管部门和各宣传领域采取品牌宣传片推广、主题旅游线路推出、系列节目宣发等措施持续强化“行走河南·读懂中国”的品牌影响。从内涵上来看，“行走河南·读懂中国”品牌强调了对中国传统文化的深入挖掘和体验，更加注重历史的传承和人文关怀，体现了河南作为华夏文明的核心地带所承载的特殊文化价值，这与其他地区的品牌形成了鲜明差异。河南省聚焦“行走河南·读懂中国”主题，发布首批6条文物主题游径、9条主题旅游线路，面向全球近40个国家宣发“中国节日”系列节目，拍摄《行走河南·读懂中国》品牌推介片，通过移动端传播、颠覆性创意、沉浸式体验等方式，充分发挥家乡明星、网络达人、短视频的引流作用，推出了一大批具有创意和影响力的宣传内容和形式。截至2023年11月29日，“行走河南·读懂中国”话题全网浏览量超过45亿人次。

（二）研究方法

随着信息技术的快速发展，技术变革对旅游产业产生了深刻影响，越来越多的旅游者依靠互联网来获取旅游目的地信息（邹统钎等，2022）。在游客满意度评价和旅游目的地认知方面，用户生产内容（User-generated Content，简称 UGC）的实现为游客从旅游信息获取者转变为旅游目的地信息的创造者和提供者提供了技术条件。鉴于互联网的开放与共享属性，游客借助互联网平台以实现对旅游目的地（张瑛等，2020）、旅游产品、旅游服务和旅游目的地感知形象（王鹏飞等，2021）的评价具有独特的信息优势。因此，本研究采用八爪鱼爬虫工具从携程和马蜂窝网站的网络游记获取研究数据，并借助 ROST CM6.0 分析工具对网络文本数据进行分析，通过关键词获取来对“行走河南・读懂中国”的地格因子和品牌基因进行筛选，然后对“行走河南・读懂中国”旅游目的地品牌评价体系进行构建和排序。

（三）数据来源

选取 2019 年到 2023 年游客在携程网和马蜂窝旅游网站中发表的相关游记作为数据来源，再用八爪鱼采集河南相关游记样本，剔除无效、重复样本及广告部分，尽量避免对最终分析结果的准确性造成数据误差。经处理，本研究最终获得 8427 篇游记，其中携程 3435 篇，马蜂窝 4992 篇。

（四）研究框架

第一，形成“行走河南・读懂中国”旅游目的地品牌的地格因子库。基于旅游地格理论，在知名旅游网站搜集旅游者评论与游记，通过内容分析法分析河南省在旅游者心中的旅游形象与体验情感，并实地考察研究案例地，初步形成“行走河南・读懂中国”旅游形象的地格因子库。第二，在品牌基因理论的基础上，借助旅游目的地代表力、吸引力和竞争力三力模型（RAC）筛选“行走河南・读懂中国”旅游目的地品牌基因。第三，建立“行走河南・读懂中国”品牌基因指标评价体系。基于旅游地格分析因子和品牌基因，确定“行走河南・读懂中国”的品牌基因类别、基因维度和基因子维度。第四，建立分析框架。采用平均赋值法、主成分法等确定指标权重，对品牌基因进行降序排布，建构能体现河南特色，具有代表性、影响力、吸引力的品牌基因理论分析框架。

四、研究过程

（一）“行走河南·读懂中国”旅游地格因子库构建

1. 情感形象分析

在旅游形象的认知中，对游客的情绪进行分析是一个非常重要的组成部分。运用ROST CM6.0 软件对收集的游记进行情感分析，分析结果如表 8-1 所示。

表 8-1　游客评论情感分析结果

情感类别	比例（%）	强度	比例（%）
积极情绪	41.95	一般	26.90
		中度	10.36
		高度	4.69
中性情绪	44.51		
消极情绪	13.54	一般	10.66
		中度	2.71
		高度	0.17
总计	100		100

从游客评论情感分析可知，游客的积极情感比例为 41.95%、中性情绪比例为 44.51%、消极情绪比例为 13.54%。由此可以看出，游客对河南的整体印象处于“中性”态度。河南通过举办各种文化节庆活动，打造旅游精品线路，推出系列节目以及创新的营销活动等举措取得了一定的成效，但效果不够显著。通过分析可知，游客对河南的积极情感主要源于对河南历史文化资源满意度较高，这是吸引游客前往地方旅游的重要因素。通过对游记负面评价的分析发现，河南应深度挖掘特色历史文化资源，提炼具有地方代表性、客源地吸引力、竞争力的旅游品牌基因，让游客能够真正对河南产生深度的情感联结。

2. 旅游目的地地格要素特征分析

（1）高频词汇分析

采用 ROST CM6.0 软件对搜集到的数据进行词频分析，运用自定义词表排除无意义词汇，最终提取出 60 个关于河南旅游形象感知高频词（见表 8-2）。从词性角度分析，高频词汇中的地名名词较多，具体集中在河南古都城市以及景点、餐饮、住宿、交通、旅游活动等方面。高频词汇能直观反映游客对旅游目的地感知，词频越高代表游客对旅游目的地感知越深刻，通过表 8-2 的高频词汇分析可知：

表 8-2　河南省旅游形象感知高频词汇表

词汇	词频	排名	词汇	词频	排名
河南	3696	1	博物馆	47	31
洛阳	1784	2	民宿	46	32
郑州	1649	3	水席	45	33
开封	1542	4	美景	43	34
龙门石窟	1118	5	烧烤	40	35
酒店	996	6	夜景	40	35
中原	892	7	拍照	37	37
千年古都	871	8	古装	36	38
历史	837	9	栾川	36	38
清明上河园	746	10	山水	35	40
文化	737	11	胡辣汤	35	40
黄河	732	12	烩面	32	42
小吃街	690	13	特色	30	43
白马寺	652	14	体验	30	43
洛邑古城	641	15	机场	29	45
牡丹花园	641	15	古镇	28	46
少林寺	491	17	大相国寺	26	47
车站	490	18	伏羲山	25	48

续表

词汇	词频	排名	词汇	词频	排名
胜地	434	19	公园	25	48
老家	412	20	太极	24	50
老君山	355	21	好吃	23	51
交通	257	22	神农山	22	52
穿越	140	23	震撼	22	52
服务	87	24	实惠	21	54
门票	66	25	乡村	20	55
唐宫夜宴	65	26	庙会	19	56
导游	63	27	平价	11	57
亲子	54	28	殷墟	10	58
欢乐	50	29	迷人	10	58
云台山	49	30	踏青	9	60

第一，核心旅游目的地明确。洛阳、郑州、开封词频位居前列，表明游客对这三座城市的关注度较高，这与“行走河南·读懂中国”品牌塑造以郑汴洛为核心发展相印证。数据显示，上述城市的年接待游客量占全河南省的1/3。可以说，郑汴洛对河南整体旅游形象影响显著。

第二，文化遗产景点突出。龙门石窟、清明上河园、白马寺、牡丹花园、少林寺、老君山等词频热度靠前。可以看出，河南的自然与人文历史旅游资源丰富，游客对其关注和感知度较高，这在一定程度上也反映了这些旅游资源是吸引游客前往河南旅游的重要因素。

第三，传统文化符号凸显。中原、千年古都、历史、文化、黄河分别列为第7、8、9、11、12位，这些高频词汇反映了游客对河南的整体感知，也凸显了河南历史遗产丰厚的文化特点，说明游客对河南的总体印象与品牌定位相符。

第四，旅游产品感知较好。车站、酒店、导游、交通等词频较高，表明游客对河南的车站、酒店、交通等方面的服务关注度较高，其服务质量会影响游客对河南的印象。特色、迷人、美景、实惠、平价词频较高，无消极词汇。不难看出，游客对河南旅游产品的感知价值较高，这也在一定程度上反映了河南旅游环境的服务质量被消费者所认可。

第五，“老家河南”感知明显。老家在高频词排名位居20位，说明游客对“老家河南”品牌有一定的认知度。河南始终坚持将中原文化视为中华的“根”和“魂”，坚持以“老家河南”为特色的旅游文化品牌，得到了越来越多游客的认可。同时，也说明近年来政府推广的“行走河南·读懂中国”品牌形象已经具有一定的认知度。

（2）地格因子分析

结合国内外旅游目的地品牌的塑造实践可知，旅游目的地的地格特征是提取品牌基因，进而塑造旅游目的地品牌特色的基础。通过高频词的整理归类，将其划分为自然环境、人文环境、产品服务以及群体特征四个维度。据此，本研究对表8-2的高频词汇进行进一步梳理和转录，进而构建“行走河南·读懂中国”品牌地格因子库。

构建“行走河南·读懂中国”品牌地格因子库遵循以下三个原则：一是同义词合并，比如“神都”和“古都”等意思相近词汇；二是对代表“行走河南·读懂中国”品牌的高频词汇进行转录；三是对具有普遍意义、没有辨识度的高频词汇进行舍弃。基于以上三个原则，本文对高频词汇的地格因子进行转录，在征询专家意见修改之后，获得“行走河南·读懂中国”品牌地格因子库。

①自然环境

旅游者对河南自然资源的感知主要体现在山水景观方面，包括老君山、云台山、伏羲山、神农山等，体现出河南自然资源丰富多样。老君山是历史上唯一被皇帝封为“天下名山”的中国山脉，独特的地质景观以及悠久的人文历史让其自带流量。不仅如此，“一元午餐”“雪景仙境”“万人豆腐宴”“李姓免费”等营销活动也让老君山的吸引力只增不减。神农山、伏羲山气势磅礴，云台山瀑布水势雄浑也代表了河南的山水景色。在自然环境方面，河南的自然之美与文化底蕴完美融合，以独特的山水资源提取出大美河山和自然风光两个地格因子。

②人文环境

从高频词统计中发现，除殷墟之外，龙门石窟、清明上河园、白马寺、洛邑古城、少林寺、博物馆、古镇、大相国寺等人文旅游资源均在高频词前列，展现了河南文化积淀深厚、品类繁多。此外，中原、千年古都、历史、文化、黄河、胜地、老家等高频词的出现也使河南“文明起源、华夏古都”的重要属性得以体现。其中“黄河文化”

和“中原文化”是构筑“行走河南·读懂中国”品牌的核心和主根主脉，“博物馆”是建设“行走河南·读懂中国”的重要载体。历史、中原、老家等词条反映出河南文化的“根源性”与“包容性”，作为中华民族和华夏文明的发祥地之一，河南形成了历史传承的文化风貌，河洛文化、仰韶文化、龙山文化、姓氏名人文化是河南文化的独特因子。“千年古都”“文化”“胜地”等词条反映了游客对河南的整体文化认知。因此，在人文环境方面，本文提取了古代文明、历史遗迹、中华文脉和黄河流域四个地格因子。

③产品服务

郑州是国际综合交通枢纽城市，交通路网四通八达，使游客可以较为便捷地前往目的地，提高旅游效率。因此，“交通”“车站”“门票”等成为高频词汇。在河南旅游产品娱乐项目的感知方面，从高频词以及相关游记中可以看出，游客对娱乐项目的感知较少，主要集中在古装打卡、拍照、美景等，而“购”与“娱”在河南发展品牌上是个薄弱环节。旅游服务设施是发展旅游业不可或缺的物质基础，也是影响旅游便利性的重要因素（谭红日等，2021）。从住宿方面来看，“酒店”“民宿”提及次数最多。近年来，河南新建了许多符合其地域历史文化底蕴的古风民宿，其中开封市的枕水人家、红袖招、启封客栈更是别具一格。在特色美食方面，河南地处中原，被誉为“中华粮仓”，主要以面食为主。从饮食方面来看，河南特色的水席、胡辣汤、烩面、烧烤等是被提到最多的美食。为此，在产品服务方面，本文提取了饮食习惯和产品服务两个地格因子。

④群体特征

游客对河南旅游产品多用“特色”“平价”“实惠”“好吃”等词语进行评价，这表明游客对河南旅游产品和服务性价比的满意度较高，这也在一定程度上反映了河南社会群体特征中的质朴属性。而“迷人”“欢乐”等词条也说明河南的社会群体特质具有和谐欢乐、平易近人的一面。可见，塑造“行走河南·读懂中国”文旅品牌需要根植于当地的生活方式，展现河南独有的文化资源特质。鉴于此，在群体特征方面，本文提取出生活方式一个地格因子。

（二）“行走河南·读懂中国”品牌基因体系构建

1. 品牌基因筛选

为了研究“行走河南·读懂中国”的品牌基因，我们对地格因子库进行了进一步的凝练和总结，最终得到名胜古山、山水景色、中国古都、文化遗产、华夏文脉、黄河文化、特色美食、旅游产品和民风淳朴九大品牌基因（见表 8-3）。

表 8-3 “行走河南·读懂中国”品牌地格因子库与品牌基因

维度	地格因子	品牌基因	高频词汇	频次
自然环境	大美河山	名胜古山	老君山、云台山、栾川、伏羲山、神农山	451
	自然风光	山水景色	牡丹、美景、栾川、山水、公园、乡村、踏青	809
人文环境	古代文明	中国古都	洛阳、郑州、开封、千年古都	5846
	历史遗迹	文化遗产	石窟、清明上河园、白马寺、洛邑古城、少林寺、博物馆、古镇、大相国寺、殷墟	3759
	中华文脉	华夏文脉	中原、千年古都历史、文化、黄河、胜地、老家	2141
	黄河流域	黄河文化	黄河、文化、胜地	1903
产品服务	饮食习惯	特色美食	小吃街、水席、烧烤、胡辣汤、烩面	842
	产品服务	旅游产品	车站、门票、服务、交通、酒店、民宿、美景、拍照、夜景、古装打卡	1102
群体特征	生活方式	民风淳朴	欢乐、好吃、平价、实惠、迷人、特色	115

2. 构建品牌基因体系

如前文地格因子的三力模型所述，旅游目的地品牌基因是对目的地具有代表力、对客源地具有吸引力、对竞争地具有竞争力的地格因子，并不是所有的地格因子都可以作为品牌基因。因此，本文基于旅游三力模型来建立品牌基因体系，并确定权重。在此，我们借鉴邹统钎等（2022）的基因筛选模型来确定权重，具体指标体系和权重如表 8-4 所示。

表 8-4 旅游目的地品牌基因筛选与权重设置

变量	三力模型	筛选因子	权重设置
旅游目的地品牌基因筛选体系	品牌吸引力（0.2735）	生活方式差异性	0.1025
		地方依恋性	0.1384
		完整性	0.0378
	品牌代表力（0.385）	原真性	0.1635
		真实性	0.1005
		唯一性	0.1025
	品牌竞争力（0.3416）	稀缺性	0.0933
		不可替代性	0.1327
		难以模仿性	0.1126

注：此处的指标评价体系与权重设置借鉴邹统钎等学者确定的目的地品牌基因筛选体系。

3. 品牌基因重要程度

为了确定“行走河南·读懂中国”品牌各指标体系的重要程度，本研究设计李克特量五分量表，并向来自中国社会科学院、北京第二外国语学院、河南大学、郑州大学、西华师范大学和洛阳师范学院等10位专家学者征求意见，对各地格因子进行评分，得到地格因子对二级指标体现程度的均值（表 8-5）。

表 8-5 “行走河南·读懂中国”品牌基因指标体系重要度

品牌基因	品牌吸引力			品牌代表力			品牌竞争力		
	差异性	依恋性	完整性	原生性	真实性	唯一性	稀缺性	不可替代	难以模仿
名胜古山	3.74	4.04	3.86	4.10	4.47	3.74	3.50	3.43	3.51
山水景色	3.79	4.18	4.01	4.26	4.30	3.44	3.36	3.34	3.39
中国古都	4.49	4.39	4.11	4.61	4.93	3.81	3.89	4.17	3.74
文化遗产	4.48	4.49	4.28	4.71	4.92	4.46	4.11	3.82	4.14
华夏文脉	4.26	4.41	4.27	4.62	4.83	4.41	4.50	4.30	4.34
黄河文化	4.63	4.47	4.03	4.81	4.59	4.08	3.80	4.09	4.00
特色美食	4.30	4.20	3.90	4.47	4.26	3.70	2.98	3.33	2.87
旅游产品	3.67	3.67	3.16	3.87	4.12	2.99	2.91	3.03	2.90
民风淳朴	4.18	4.18	3.78	4.31	4.31	3.61	3.27	3.06	3.24

（三）“行走河南·读懂中国”品牌基因分析

基于“行走河南·读懂中国”品牌体系的权重和各品牌基因的重要程度，将分值代入品牌基因筛选模型，最终得到9个品牌基因的评分并进行降序排列（图8-2），从而对河南文旅品牌基因进行分析。其中，“行走河南·读懂中国”品牌基因的计算数值公式为：

$$K=\sum M_{ij}*N_{ij}\ \ (i=1,2,3...9;\ j=1,2,3...9) \qquad (1)$$

在公式（1）中，K 为“行走河南·读懂中国”品牌基因的重要程度，i 为品牌基因，j 为品牌基因的筛选权重。

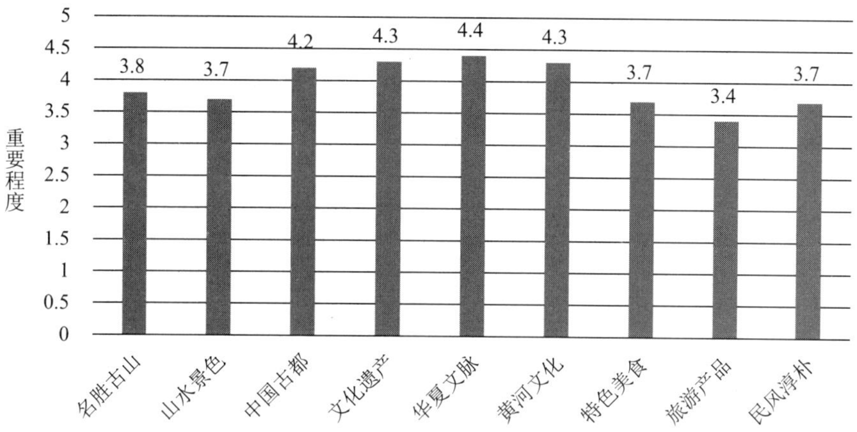

图8-2　“行走河南·读懂中国”品牌基因重要程度排序图

基于旅游目的地品牌三力竞争模型可知，“中国古都”“文化遗产”“华夏文脉”和“黄河文化”四大品牌基因的分值大于4分，满足旅游目的地品牌基因的筛选要求。这意味着，对于游客来讲，这四大品牌基因具有较高的认知程度，能够体现“行走河南·读懂中国”的品牌特色，具有区别于其他旅游目的地的品牌竞争力、品牌吸引力和品牌代表力。其中，“中国古都”指的是洛阳、郑州和开封三个旅游目的地，它们是游客对河南历史文明的印象，因为洛阳、郑州和开封都名列中国八大古都排行榜。“文化遗产”指的是龙门石窟、白马寺、清明上河园、少林寺和博物馆等文化遗产类旅游吸引物，这些典型的人文景区构成了河南旅游产品的底色。“华夏文脉”指的是中原文化、历史遗迹和老家河南等文化符号。河南是中华文明的重要发祥地和核心区域，拥有得天独厚的历史文化资源，中华文明探源从河南开始。因此，河南具有“一部河南史，半部中国史”之称。“黄河文化”是指黄河流域河南段所孕育的黄河文明。河南地处黄河流域的中心腹地，在黄河文明中居于中心地位，它孕育了河洛文化、商都文化、农耕文化和根亲文化等多元文化，是海内外游客寻根拜祖的精神故乡。

五、存在问题

（一）资源开发和产品创新不足，整体旅游形象不鲜明

一是文旅资源开发相对比较单一，创新力度不够，在特色产品开发、设计以及精品线路打造上欠缺创意性思维。比如黄河风景名胜区，在这里可以观赏到黄河景色，也开发了炎黄二帝、岳山寺、黄河碑林等景点，但没能将河南多元文化很好地融合，缺少融入其中真实体验的精品项目，在问及游客对“行走河南・读懂中国”整体环境氛围评价时，大多游客表示难以真正感觉到“在这里就可以看到中国过去”的情感诉求。二是文旅产业缺乏全局意识，在旅游开发过程中存在各自为政、重复建设等问题。这在一定程度上导致区域旅游整体形象不鲜明，全省全力打造了多个主题旅游形象，缺少面向国际、综合国内、立足流域、统筹省域的主题鲜明、特色突出、层次有序的“行走河南・读懂中国”品牌旅游形象，未能形成强大的吸引力。

（二）品牌传播覆盖面不广，营销内容有待深入

宋都开封、洛阳龙门石窟、开封清明上河园、嵩山少林寺等知名景区使游客对河南形象有一定的了解，但在问及“行走河南・读懂中国”品牌认知方面问题时，多数外地游客表示“不知道、不了解、从未听说过”。由此可见，目前游客对“行走河南・读懂中国”品牌认知度较低，“文化之源、民族之根、王朝之基”的品牌内涵并不被旅游消费者所熟知。2023 年河南通过主流媒体、自媒体等多种宣传渠道进行推广，在一定程度上提高了河南的知名度和美誉度，但宣传覆盖面不够广泛，宣传内容缺乏深度，还未真正建立起文旅品牌形象，导致“行走河南・读懂中国”品牌的真正内涵以及河南自身独特的生活方式难以被游客感知。

（三）品牌建设意识薄弱，服务品质有待提升

通过梳理游客评价以及访谈结果发现，“挤来挤去”“没地方停车”“再不来了”等多个负面评价反映了景区高峰期拥堵严重，一些景区缺乏对交通的疏导及景区交通体系相对不完善导致游客气愤、印象差。“厕所脏”“破坏严重”等评价反映出部分景区服务设施相对落后、维护工作相对滞后。如嵩山少林寺停车场面积小且不够规范，洛阳白马寺大雄宝殿、韦驮殿等建筑有千年历史，设施老化较为严重等。

（四）品牌创新意识不足，品牌美誉度有待提升

河南近年来积极开发 AR、VR 体验，让游客在虚拟世界中参观景点、体验传统文化，为游客提供丰富的旅游体验，成效显著。但结合相关游记与情感分析可知，游客的消极情绪主要表现为项目缺乏互动，体验感不强等方面。难以让游客产生情感依赖与价值感知，导致游客对“行走河南・读懂中国”品牌的认知度与辨识度不高，亟须在品牌塑造过程注入产品特色体验功能。

六、对策建议

（一）丰富旅游品牌体系，实现品牌价值提升

一是抓好顶层设计，整合旅游品牌。通过整合政府、景区、企业等各方资源，共同搭建品牌发展一体化新平台，着力打造“行走河南・读懂中国”系列专题品牌景区、品牌旅游目的地、品牌旅游线路、品牌旅游纪念品等系列品牌旅游产品，发挥郑州、开封、洛阳古都群集聚优势，以保护传承弘扬黄河文化为主线，将郑州、开封、洛阳按照一个交通体系、一个产品体系、一个营销体系、一个政策体系来规划建设。在此基础上，充分发挥郑州都市圈的辐射带动效应，联动新乡、焦作、许昌、平顶山、济源等周边区域，推动文旅资源一体化整合、产品一体化打造、交通一体化建设，共同塑造“行走河南・读懂中国”品牌形象。二是培育世界级旅游景区，打造国际旅游目的地。以“行走河南・读懂中国”为整体形象，突出历史记忆、人文地标、城市肌理，以文旅小镇、创意空间、特色商圈、文化主题园、大型演艺项目为主要载体，聚焦郑

汴洛这一核心地带，建设具有吸引力、代表性、影响力的旅游精品段，并全面提升旅游景区品质，培育富有文化底蕴的世界级旅游景区和度假区，打造具有重要影响力的国际旅游目的地，讲好“河南故事”。

（二）打造特色文旅品牌，提升品牌传播质效

一方面，充分发挥河南旅游资源优势，推出各具特色的旅游品牌，开发溯源文化项目，打造历史人文、风土人情、文化传承等溯源旅游线路，让游客感受到河南的文化魅力。另一方面，积极创新文旅品牌营销方式。一是健全交通服务设施旅游服务功能，在机场、火车站、汽车站等客运枢纽和高速公路服务区健全旅游服务功能，传播“行走河南・读懂中国”形象。二是推进“互联网＋旅游”战略，构建一体化旅游服务信息平台。结合智慧旅游和数字文旅，创新推广“行走河南・读懂中国”品牌的宣介活动。三是全力推进旅游融媒体建设，并借力旅游融媒体推广中心，推广立体的、多彩的、充实的“行走河南・读懂中国”品牌，叫响“行走河南・读懂中国”品牌，让河南旅游形象更出彩。

（三）提升旅游服务质量，夯实品牌建设基础

完善旅游住宿餐饮服务设施体系，推动住宿、餐饮等服务设施向特色化、创意化、精品化、个性化、主题化方向发展，鼓励众筹公寓、电竞酒店、民宿、农舍旅馆、汽车营地等新型住宿业态的发展；在景区活动设施方面，景区应定期对重点区域和活动设施进行检查，做好安全管理工作，及时更换老化及存在安全隐患的基础设施，为游客提供更加安全的游玩体验；在旅游服务品质管理方面，要对从业人员进行旅游知识、人文素养、语言技巧、服务技能等方面的培训，从而提升其服务能力，给游客带来更专业的个性化服务，提升游客体验与满意度。

（四）深化“品牌 IP”建设，提升品牌美誉度

第一，要充分结合河南文化大省优势和历史文化类景区数量优势，以华夏历史文明传承创新示范区建设为重要抓手，通过文化创意、科技创新和改革开放，在文化演艺、文化创意、文物活化、文化节庆、文化展览和博物馆、文化馆数字化传承等方面大胆创新，形成显著传承创新中原文化的文旅融合独特模式，使河南文旅融合大放异

彩，树立全国文旅融合发展河南标杆。第二，全力推进太极拳申遗和非遗记录工程，开展文化和旅游消费试点，探索文化和旅游消费河南模式。第三，搭建文旅智库和人才平台，引导组建河南省旅游学会、各地市旅游学会，促进要素融合与资源整合，并让中原文化有更广泛和深远的影响力，助力提升中国文化软实力。第四，探索深层别致的人文故事，避免使游客产生审美疲劳，举办特色节庆活动展示当地文化，在静态的历史文化遗迹上创意性地设计体验项目，让厚重的历史文化“活起来”，建立特色IP品牌，创新夜间文旅消费产品和服务。

第二节　黄河流域旅游目的地文化营销路径研究——以河南段为例

一、基本情况

（一）研究背景

黄河流域是我国重要的生态屏障和重要的经济地带，是打赢“脱贫攻坚”的重要区域，在我国经济社会发展和生态安全方面具有十分重要的地位。黄河流域生态保护和高质量发展已经上升至重大国家战略。2020 年 1 月 3 日，中央财经委员会第六次会议强调要推动沿黄地区中心城市及城市群的高质量发展，指出要强化郑州等国家中心城市的带动作用，加强战略引领作用，开展黄河文化宣传，打造具有国际影响力的黄河文化旅游带。河南省是黄河文化形成、融合、发展的核心区域，是黄河文化旅游资源富集区，肩负着保护传承弘扬黄河文化的历史责任和时代使命。近年来，河南省委省政府高度重视文旅产业的高质量发展，并在河南省文化旅游大会上强调要加快文化旅游大省向强省转变，指出要构建“一带一核三山五区”文化旅游发展布局，培育多元开放的文化旅游市场，推动文化旅游高质量发展。因此，讲好“黄河故事”，坚持文旅融合，引领文旅产业高质量发展是河南省贯彻落实黄河流域生态保护和高质量发展这一重大国家战略的必然要求和时代需要。然而，河南省处于黄河中下游，虽拥有丰厚的文化资源，但相较于其他旅游较为发达地区而言发展相对滞后，并不被国内外旅游消费者所熟知，在这种机遇下，河南省亟须利用文化营销打造旅游目的地品牌，推进河南省旅游业高质量发展。

（二）研究意义

第一，本研究对黄河流域河南段旅游目的地文化营销的研究顺应了文旅融合发展新趋势，有助于响应黄河流域生态保护和高质量重大国家战略，助推黄河流域河南段的高质量发展。

第二，文旅融合发展为旅游目的地营销注入了新的活力，是突破旅游目的地发展瓶颈的创新驱动力。为旅游注入文化底蕴、用文化助推旅游发展是新时代旅游发展的必然趋势。本研究构建并验证文化营销、旅游目的地品牌资产形成、游客重游意愿之间的作用机理模型，致力于从文化营销这一新的视角研究旅游目的地营销，在旅游目的地营销发展模式方面有一定的理论创新意义。

第三，文旅产业的高质量发展是黄河流域文旅产业转型升级的有效切入点，也是促进黄河流域生态保护和高质量发展的重要路径之一。本研究试图探索黄河流域河南段文旅融合实现路径，在推动文化旅游业融合发展上有一定的实践指导意义。

（三）研究内容

从 2020 年 8 月以来，课题组加快拟订了调研计划和访谈提纲，先后访问了河南省文化和旅游厅、洛阳旅发集团、洛阳文保集团等多个文旅单位，并走访了郑州黄河游览区、黄河博物馆、龙门石窟、丽景门、洛阳博物馆、孟津小浪底风景区、清明上河园、龙亭等多个旅游景区，通过部门座谈、游客访谈、企业调研、景区走访等方式基本了解河南省文旅融合及营销现状，并结合访谈结果设计调查问卷，对近期来访过河南的旅游消费者发放问卷，从游客视角了解河南省旅游形象品牌传播情况以及文化营销感知，取得了较为翔实的第一手资料，为撰写调研报告打下了坚实的基础。

本调查报告分为四个部分：第一部分为项目基本情况简介，重点介绍本研究的研究背景、研究目的和意义、研究内容；第二部分为理论分析与研究设计部分，重点介绍旅游目的地文化营销与品牌资产的国内外研究综述以及调研过程；第三部分为实证分析部分，验证旅游目的地文化营销、品牌资产与重游意愿的影响机制，分析河南省目前旅游业现况及问题；第四部分总结旅游目的地文化营销的创新途径，为黄河流域河南段的旅游业发展提供有益参考与实践指导。

二、理论基础与研究设计

（一）理论基础

1. 文化营销

国外对文化营销的研究始于文化因素与市场营销的影响关系。全球化的到来使得在不同文化背景下的国家和地区如何进行市场营销成为跨文化营销解决的重点问题（Herbig，P. A.，2000；Tom & Grifen，2000）。随着对文化营销研究的进一步深入，文化营销的类型以及文化营销对品牌形象的影响成为各个行业关注的热点问题（Noh JeongHee & Jang HanByeol，2011；An SoYoung & Han JinSoo，2014；Kwak ChulWoo，2013）。然而，将文化营销应用到旅游领域的文献不多，对旅游目的地文化营销的实证研究则更为缺乏。

国内对文化营销的研究建立在营销理论内涵的扩展和丰富之上，随着跨国企业的兴起，从跨文化角度研究国际企业在不同文化背景下营销策略的适应性问题成为学者关注的重点问题（许宏印等，1997；姜岩等，1997）。伴随着国内竞争市场的加剧，学者们普遍认为文化营销是构建核心竞争力的重要手段，开始注重探讨企业文化营销的模式，分析各企业文化营销的现状和存在问题，并提出相应的文化营销路径与策略（胡付照，2010；田冬炜，2013；常超，2015）。近年来，学者们也开始关注到文化营销在旅游领域的研究和应用，并对二者的关系进行了初步探讨（郭媛媛，2019；何逸等，2019）。但仍需看到，前人对文化营销在旅游领域的研究方法较为单一，研究内容主要局限在文献梳理基础上的对策研究，缺少实证研究。

可见，国内外学者虽对文化营销研究的深度与侧重点各有不同，但都为旅游目的地文化营销提供了重要参考。然而，已有的研究多为定性研究，定量研究较少，多层次、多角度开展旅游目的地文化营销建设的研究较少。未涉及的领域一是对文化营销在旅游目的地上的应用研究相对较少，相关研究文献缺乏，二是国内尚未发现有针对旅游目的地文化营销、品牌资产与游客忠诚度之间的影响关系的实证研究，三是以黄河流域河南段旅游目的地为研究对象探讨文化营销的相关论文匮乏。

2. 旅游目的地品牌资产

旅游目的地品牌资产是提升目的地独特性和辨识度的重要方式。20 世纪 80 年代末开始，国外学者开始关注品牌资产这一营销概念，学者们对品牌资产概念与维度研究主要基于三个视角：财务视角、市场视角 、消费者视角。随后学者们逐步认识到消费者在品牌资产形成和积累中的重要作用，研究重点转变为从消费者感知视角出发，将品牌资产看作是消费者体验某种产品或服务后，所形成的包括认知、态度，感知、偏好、忠诚度等消费者思考、感觉的差别性反映，强调消费者对品牌的认知和情感过程（Keller，2002）。

Konecknih 和 Gartner（2007）这两位学者从旅游者视角对目的地品牌资产进行研究，最早构建了目的地品牌资产模型。随后，从游客角度探索品牌资产维度成为研究热点，Gartner 和 Ruzzier（2011）将旅游目的地品牌资产划分为品牌形象、品牌知名度、品牌品质和品牌忠诚四个维度，以到访过欧洲斯洛文尼亚景区的德国游客为研究对象验证了品牌形象和品牌品质在品牌资产的形成上扮演着重要的角色。Horng 等（2012）以品牌知名度、品牌忠诚、品牌质量及品牌形象为测量维度，研究台湾美食旅游目的地资产模型。Bianchi 等（2014）则以整个国家的旅游目的地资产为对象，结合品牌忠诚、品牌显著、品牌联想、品牌质量及品牌价值维度构建国家旅游目的地资产模型。Im（2012）在其研究中指出，尽管品牌联想与品牌知名度密切相关，但它们并不完全相同。消费者可能知晓某一旅游目的地的品牌，但无法在心中形成与该目的地相关的联想。因此，品牌知名度、品牌联想、品牌形象以及品牌忠诚度都被认为是旅游目的地品牌资产的关键维度。由此可见，国外学者对于旅游目的地品牌资产的研究主要集中在基础概念、维度、各维度之间的影响关系以及测量方法的探讨。研究成果丰富，但鲜有对旅游目的品牌资产影响因素的实证研究。

国内对品牌资产的研究始于 1998 年，对其概念与维度模型的构建上多借鉴国外前人研究经验，早期阶段也都以企业为出发点研究，认为品牌资产是企业在产品营销上努力的结果，这种结果对公司的比较优势与整体利润上的增减有影响。2008 年以后，学者们也开始重视以消费者为视角的旅游目的地品牌资产维度研究（胥兴安等，2015；沈雪瑞等，2016；苑炳慧与辜应康，2015）。旅游目的地品牌资产反映了旅游者对目的地品牌的认知和态度，受目的地营销活动和目的地营销组织品牌管理能力的影响，是了解过去营销活动效果和预测未来营销绩效的桥梁。品牌资产的累计不仅可以为旅游者带来更强的情感效益，也可以为旅游目的地内部利益相关者带来更大的经济收益（刘丽娟与吕兴洋，2016）。从以上学者们的研究成果来看，我国对于品牌资产模型的构建及维度的研究起步较晚，对于旅游目的地品牌资产的实证研究成果相对较少。关于其影响因素、内部影响机制的研究仍需进一步探讨。

3. 文化营销与旅游目的地品牌资产的影响关系

关于文化营销与旅游目的地品牌资产的关系，韩国学者以咖啡店、一般企业、航空公司、酒店为研究对象对此做了大量的研究（Lee BongHoon & Lee GyuBong，2017；Kwak ChulWoo，2013；An SoYoung & Han JinSoo，2014），旅游学者认为文化营销理论同样适用于旅游目的地品牌资产的塑造，对其影响关系也做了有益的探索（Choi Jiyoung，2015；Yoon YeongHye et al.，2019），国内学者则侧重从文旅融合的角度对品牌形象建设进行探讨（郭英之，2013；宫健，2019）。由此可见，将旅游目的地的文化内涵通过营销方式推销出去，对旅游目的地品牌形象的塑造和推广有着非常重要的作用。

本研究通过定量与定性相结合的方法，从顾客感知的角度测量旅游目的地的文化营销、品牌资产与忠诚度，探索三者之间的影响关系，对旅游目的地营销模式提供一定的理论参考；并通过实地调研，了解案例地文化营销现状及问题，为文旅融合方向提供思路，为河南省旅游业高质量发展提供对策与建议。

本研究结合前人研究提出以下假设：

H1：游客感知的旅游目的地文化营销对品牌资产有显著的正向影响。

H2：旅游目的地品牌资产对游客重游意愿有显著的正向影响。

H3：游客感知的旅游目的地文化营销对游客重游意愿有显著的正向影响。

本研究根据现有学者的研究理论，进一步研究游客感知的文化营销是否能够影响旅游目的地品牌资产，从而对游客重游意愿产生影响，构建以下模型，如图 8-3 所示。

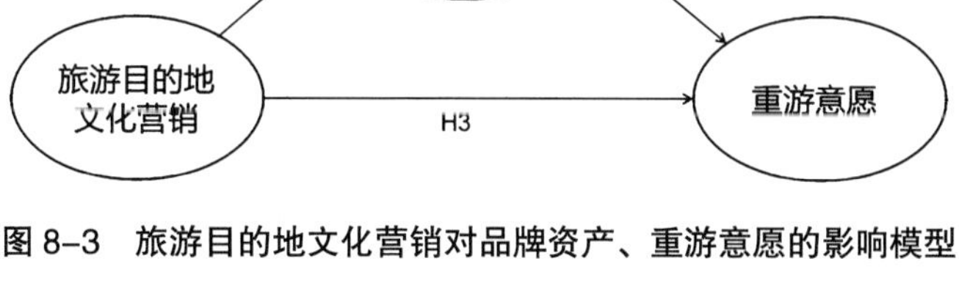

图 8-3　旅游目的地文化营销对品牌资产、重游意愿的影响模型

（二）研究设计

1. 研究对象介绍

河南省是华夏文明重要发源地，是黄河流域的重要省份。郑汴洛地区是河南省的核心城市，拥有浓厚的文化底蕴和丰富的旅游资源，三地是河南省沿黄河三点一线旅游中心区，均为中原文化的核心区域，其中，郑州是河南省的省会，是河南的政治、经济、文化中心，拥有嵩山少林、黄帝故里、黄河游览区、二七纪念塔、河南博物院、商城遗址、文庙、世纪欢乐园等有影响力的旅游品牌，洛阳是十三朝古都，是中共河南省委十届十次全会明确提出支持洛阳建设中原城市群副中心城市，龙门石窟、白马寺、牡丹花卉享誉国内外，开封是七朝古都，宋代特色突出，清明上河园、龙亭、大相国寺等在国内外享有盛誉，都是千年文明古都，具有一定的代表性，又各具特色，有效整合郑汴洛旅游文化资源，开发旅游文化产品，可以实现郑汴洛区位优势互补、旅游资源共享、旅游产品互补。提高综合竞争力，可以实现由旅游文化资源到旅游文化产业的转变，带动郑汴洛区域经济的发展，吸引更多海内外游客到河南旅游。因此，本研究选择河南省省会城市郑州、六朝古都开封、十三朝古都洛阳三地为案例地，以理论研究成果为基础，结合河南实地调研结果与问卷调查结果，探讨河南品牌提升路径及措施，为河南省旅游高质量发展提供参考和建议。

2. 实地调研

本研究主要运用深度访谈、问卷调查法展开研究。深度访谈的实地调研阶段从2020年8月19日开始至9月21日结束，访谈范围涵盖河南省文旅厅、洛阳市文旅局、洛阳文旅集团、龙门石窟、游客等，共计访谈人数23人次，访谈方式为半结构化的电话访谈与面对面访谈。访谈内容包括“是否重视文化营销”“您认为河南省文化营销存在的问题有哪些”“您认为文化营销会对旅游目的地品牌产生怎样的影响”“您认为河南省文旅融合方面还存在什么样的问题”“您认为河南省整体旅游形象如何”“您认为如何做可以提升河南省的旅游形象”“河南省旅游认知情况”“河南省环境氛围评价”“最能吸引您前去旅游的因素是什么”等问题。

3. 问卷设计

结合深入访谈结果以及前人理论研究设计调查问卷。问卷主要由三部分构成：第一部分主要了解被调查者的个人基本信息，包括性别、年龄、学历、职业、人均月可支配收入以及出游目的等信息；第二部分是问卷的主体部分，包括游客感知的旅游目的地文化营销（文化理念设计、文化环境氛围）、旅游目的地品牌资产、重游意愿等三个方面，采用李克特量表进行评分，依次为“很不满意、不满意、一般、满意、很满意”，文化理念设计和文化环境氛围的变量测量主要参考 San 和 Del（2008）、Yoon Yeong Hye 等（2019）、吴潘（2017）使用的量表，旅游目的地品牌资产主要借鉴 Choi JiYoung（2015）、朱茜（2011）使用的问项，对重游意愿的测量则借鉴了陈瑛（2015）使用的量表，并根据河南的实际情况调整为 23 个题项。

4. 数据收集

采取线上问卷与线下景区发放问卷的方式进行问卷调查，问卷调查时间为 2020 年 10 月 1 日至 31 日，回收期为 1 个月，一共发出 340 份问卷，经过整理和提出空白或不完整问卷，最后无效问卷共 40 份，回收率达 88.2%。

三、实证分析

为了验证旅游目的地文化营销对品牌资产以及游客重游意愿的影响，本研究对收集而来的数据进行实证分析。具体来讲，本研究从游客感知旅游目的地文化营销（文化理念设计、文化环境氛围）、旅游目的地品牌资产、游客重游意愿三个方面对文化营销的重要作用进行验证。

（一）描述性统计分析

本次问卷调查中，从性别构成可以看出，女性占比 64%，男性占比 36%，女性的比例远远大于男性。从年龄结构来看，21~35 岁的人群占比最多，达到 82.7%；其次为 36~50 岁的人群，占比达到 9.3%；最后，20 岁及以下和 51~65 岁的人群占比分别为 6% 和 2%。从学历上来看，大学（本、专科）的人数最多，占比达到 83.3%；其次，高中、中专或职高的人数占比为 6.7%，初中及以下和研究生及以上的人群占比分别为 6% 和 4%。从职业分布上来看，最多的是学生，所占比例达一半以上，达到 68.7%；其次是公司职员，占到 11.4%；之后是教师和服务业、自营业，占比分别为 6%、3.3% 和 3.3%；最后是技术工和公务员，比例分别为 2% 和 1.3%。从婚姻状况来看，未婚者居多，占 70.6%。从可支配收入来看，2000 元及以下的最多，占比 68%，其次为

3501~5000 元，占比 14%，之后是 2001~3500 元、6500 元以上，分别占比 8%、6%，最后是 5001~6500 元，占比 4%。这一数据表明，受访者的可支配收入普遍处于较低水平，这与调查对象主要是学生群体相关。从来访目的来看，大部分游客是旅游出行目的（73.7%）。具体内容详见表 8-6。

表 8-6　人口统计学特征

问项		频度（名）	比例（%）
性别	男	108	36
	女	192	64
年龄	20 岁及以下	18	6
	21~35 岁	248	82.7
	36~50 岁	28	9.3
	51~65 岁	6	2
目的	出差	28	9.3
	旅游	221	73.7
	探亲访友	14	4.7
	其他	37	12.3
学历	初中及以下	18	6
	高中、中专或职高	20	6.7
	大学（本、专科）	250	83.3
	研究生及以上	12	4

问项		频度（名）	比例（%）
婚姻状况	未婚	212	70.6
	已婚	88	29.4
职业	公司职员	34	11.4
	教师	18	6
	公务员	4	1.3
	服务业	10	3.3
	技术工	6	2
	自营业	10	3.3
	学生	206	68.7
	其他	12	4
可支配收入	2000 元及以下	204	68
	2001~3500 元	24	8
	3501~5000 元	42	14
	5001~6500 元	12	4
	6501 元以上	18	6

（二）要素评价分析

根据河南的实际情况和调查所需设置了三个变量：游客感知旅游目的地文化营销（文化理念设计、文化环境氛围）、旅游目的地品牌资产和重游意愿。利用李克特量表的五个等级“很不满意”“不满意”“一般”“满意”“很满意”对其进行编码，分别代表 1 分、2 分、3 分、4 分、5 分。从表 8-7 列出的游客对河南文化营销感知以及品牌资产的评价均值可以看出，均值在 4 以上的有“独特的观光地”“历史文化悠久”“历史文化遗迹珍稀”“居民友善”这四项评价，证明游客对我们所列出的河南文化环境氛围要素表示认同的点很多，旅游者对其评价处于较高的水平，其中最低的两项为“城市建设具有当地文化特色”（3.76）、“服务具有当地文化特色”（3.75）。

表 8-7　旅游者对河南文化营销感知及品牌资产评价统计分析表

题项	均值	标准差	排序	题项	均值	标准差	排序
独特的观光地	4.11	0.913	1	治安良好	3.90	0.825	11
历史文化悠久	4.10	0.865	2	历史文化遗迹众多	3.87	0.862	12
历史文化遗迹珍稀	4.05	0.846	3	文化氛围浓厚	3.86	0.859	13
居民友善	3.99	0.780	4	旅游商品具有文化特色	3.85	0.828	14
佛教文化源远流长	3.98	0.871	5	宣传方面积极活用文化元素	3.84	0.990	15
饮食品质优秀	3.97	0.811	6	交通便利	3.83	0.862	16
物价合适	3.95	0.801	7	观光产品品质值得信赖	3.81	0.814	17
标志性建筑具有当地文化特色	3.91	0.794	8	文化体验活动众多	3.79	0.877	18
很容易想到当地的几个特点	3.91	0.867	9	城市建设具有当地文化特色	3.76	0.925	19
休闲之地	3.91	0.859	10	服务具有当地文化特色	3.75	0.964	20

（三）因子分析及信度分析

为确保研究数据具有一定的信度，本文运用 SPSS 25.0 软件，采用 Alpha 分析模型中 Cronbach 的系数 α 值来进行信度分析，若信度系数达到 0.8~0.9 时，说明问卷的信度非常好；若信度系数达到 0.7~0.8 时，说明问卷具有相当的信度；若信度系数在 0.6 以下，说明问卷内部一致信度不足。

通过 SPSS 25.0 软件的可靠性分析，结果如表 8-8 所示，对文化理念设计、文化环境氛围、旅游目的地品牌资产等变量分别分析，其信度系数分别为 0.917、0.955、0.940、0.743，均大于 0.7，说明数据信度较高，具有可靠性。

表 8-8　游客感知旅游目的地文化营销、品牌资产、重游意愿因子分析结果

变量	题项	因子载荷	特征值	解释的总方差（%）
①文化理念设计 α=0.917	城市建设具有当地文化特色 旅游商品具有当地文化特色 服务具有当地文化特色 标志性建筑具有当地文化特色	0.834 0.817 0.766 0.679	12.821	64.106

续表

变量	题项	因子载荷	特征值	解释的总方差（%）
②文化环境氛围 α=0.955	文化历史悠久 历史文化遗迹珍稀 文化氛围浓厚 历史文化遗迹众多 佛教文化源远流长 休闲之地 文化体验活动众多 宣传方面积极活用文化元素	0.602 0.782 0.777 0.760 0.679 0.675 0.660 0.627	1.411	7.053
KMO=0.854 Bartlett 的球形度检验：自由度 =6 sig=0.000				
③旅游目的地品牌资产 α=0.940	观光产品品质值得信赖 独特的观光地 很容易想到当地的几个特点 饮食品质优秀 交通便利 治安良好 居民友善 物价合适	0.792 0.792 0.780 0.772 0.748 0.680 0.676 0.602	1.000	5.022
KMO=0.941 Bartlett 的球形度检验：自由度 =190 sig=0.000				
④重游意愿 α=0.743	您下次再来河南旅游的可能性 您还愿意再来河南旅游吗？ 如果增加新的项目，费用稍涨您还会再来吗？	0.843 0.842 0.762	2.001	66.709
KMO=0.673 Bartlett 的球形度检验：自由度 =3 sig=0.000				

由表 8-8 可知，变量 1 主要解释了“城市建设具有当地文化特色”“旅游商品具有当地文化特色”“服务具有当地文化特色”“标志性建筑具有当地文化特色”四个题项，将其命名为“文化理念设计”；变量 2 主要解释了“文化历史悠久”“历史文化遗迹珍稀”“文化氛围浓厚”“历史文化遗迹众多”“佛教文化源远流长”“休闲之地”“文化体验活动众多”“宣传方面积极活用文化元素”八个题项，将其命名为“文化环境氛围”；变量 3 主要解释了“观光产品品质值得信赖”“独特的观光地”“很容易想到当地的几个特点”“饮食品质优秀”“交通便利”“治安良好”“居民友善”“物价合适”八个题项，将其命名为“旅游目的地品牌资产”。变量 4 主要解释了“您下次再来河南旅游的可能性”“您还愿意再来河南旅游吗？”“如果增加新的项目，费用稍涨您还会再来吗？”三个题项，将其命名为“重游意愿”。

（四）研究假设的验证

假设采用回归分析的方法验证。回归分析（Regression Analysis）是确定两种以上的变量间相互依赖的定量关系的一种统计分析方法。本研究检验游客感知旅游目的地文化营销（文化理念设计、文化环境氛围）、旅游目的地品牌资产与重游意愿之间的关系，根据线性回归，可探究游客感知文化营销对旅游目的地品牌资产、游客重游意愿是否具有影响以及显著性强弱。

1. 游客感知旅游目的地文化营销对旅游目的地品牌资产的影响

以游客感知文化理念设计与文化环境氛围为自变量，以旅游目的地品牌资产为因变量做回归分析，可得出以下结果，如表 8-9 所示。

表 8-9　游客感知旅游目的地文化营销对品牌资产的回归分析结果

因变量	自变量	标准系数 β	t 值	p 值
旅游目的地品牌资产	（常量）		0.000	1.000
	文化理念设计	0.342	10.214	0.000***
	文化环境氛围	0.392	11.711	0.000***
R^2=0.837，adj.R^2=0.833，F=249.262（p=0.000）*p ＜ 0.05，**p ＜ 0.01，***p ＜ 0.001				

由上表可知，R^2 为 0.837，趋向 1，证明模型拟合效果良好；文化营销认知形象的三个维度的 p 值均为 0.000 ＜ 0.05，证明文化理念设计、文化环境氛围对旅游目的地品牌资产均有显著的正向影响，且文化环境氛围影响较大（β=0.392）。

2. 旅游目的地品牌资产对游客重游意愿的影响

旅游目的地品牌资产与游客重游意愿的影响关系结果如表 8-10 所示。

表 8-10　旅游目的地品牌资产对重游意愿回归分析结果

因变量	自变量	标准系数 β	t 值	p 值
重游意愿	（常量）	0.062	0.000	1.000
	旅游目的地品牌资产	0.062	10.588	0.000***
R^2=0.376，adj.R^2=0.372，F= 89.129（p=0.000）*p ＜ 0.05，**p ＜ 0.01，***p ＜ 0.001				

从输出结果看，R^2 为 0.376，p 值为 0.000 ＜ 0.05，证明旅游目的地品牌资产对游客重游意愿有显著的正向影响，该假设成立。

3. 游客感知旅游目的地文化营销对游客重游意愿的影响

游客感知旅游目的地文化营销的两个维度与重游意愿的影响关系结果如表 8-11 所示。

表 8-11　游客感知旅游目的地文化营销对游客重游意愿回归分析结果

因变量	自变量	标准系数 β	t 值	p 值
重游意愿	（常量）		0.000	1.000
	文化理念设计	0.233	3.417	0.001**
	文化环境氛围	0.209	3.062	0.003**
R^2=0.323，adj.R^2=0.309，F=23.214（p=0.000）*p ＜ 0.05，**p ＜ 0.01，***p ＜ 0.001				

游客感知旅游目的地文化营销对重游意愿的回归分析结果是：调整的 R^2 值为 0.309，说明有 30.9% 的累计方差解释率，文化理念设计的 β 值为 0.233，文化环境氛围的 β 值为 0.209，证明在 P ＜ 0.05 的标准下对重游意愿具有显著的正向影响，其中，文化理念设计对重游意愿的影响最大。

通过上述分析，可得出最终假设结果，如表 8-12 所示。

表 8-12　假设检验结果

假设	内容	结果
H1	游客感知的旅游目的地文化营销：文化理念设计 → 品牌资产	支持
	游客感知的旅游目的地文化营销：文化环境氛围→ 品牌资产	支持
H2	旅游目的地品牌资产 → 游客重游意愿	支持
H3	游客感知的旅游目的地文化营销：文化理念设计 → 重游意愿	支持
	游客感知的旅游目的地文化营销：文化环境氛围 → 重游意愿	支持

（五）研究结论

通过对旅游目的地文化营销、品牌资产和重游意愿的文献回顾以及运用 SPSS 25.0 软件进行分析后，对三者影响关系进行了细致研究，得到全面的了解，在综合运用相关分析、因子分析、回归分析等方法的基础上，可得出以下几个结论。

1. 游客感知的旅游目的地文化营销对品牌资产有着显著的正向影响

游客感知旅游目的地文化营销中的两个维度直接对品牌资产产生影响。从回归分析中可以看出，H1 的两个分项均成立，证明文化理念设计、文化环境氛围对旅游目的地品牌资产产生显著正向影响。

（1）文化理念设计对品牌资产有着显著的正向影响，这表明城市建设、旅游商品、服务以及标志性建筑越能体现当地文化特色，游客所感知的旅游地品牌资产就越高，河南省在设计旅游产品以及建设公共基础设施时，应充分将当地特色的文化元素加入进去，以此提升当地的品牌资产。

（2）文化环境氛围对品牌资产有着显著的正向影响，这表明众多珍稀的历史文化遗迹所代表的浓郁文化、龙门石窟等历史文化遗迹所呈现的精湛的雕刻艺术、公园众多所营造的休闲之地的氛围以及宣传方面积极活用当地文化元素等方面若能在旅游者心中留下良好印象，旅游者所感知的品牌资产也会有所提升。河南省应继续深挖文化内涵，探索深层别致的人文故事，避免使游客产生审美疲劳，举办特色节庆活动展示当地文化，在静态的历史文化遗迹上创意性的设计体验项目，让厚重的历史文化“活起来”，建立特色 IP 品牌，创新夜间文旅消费产品和服务，提升地区品牌资产。

2. 旅游目的地品牌资产对游客重游意愿具有显著的正向影响

由回归分析可知，游客对旅游目的地品牌资产的感知会直接影响重游意愿，这证明游客对旅游目的地品牌资产的感知越高，产生重游意愿的情感越强烈。当地的治安、物价、观光品质、居民友好度、饮食品质等建设得越完善，营造的氛围越舒适，游客越愿意再次到访。河南应进一步加强城市建设，塑造符合当地文化特色的品牌形象，激发游客重游意愿。

3. 游客感知的旅游目的地文化营销对游客重游意愿有显著的正向影响

回归分析结果显示，H3 的两个分项均成立，这表明游客对旅游目的地文化理念设计的感知与重游意愿之间存在着显著的正向关系。具体而言，这意味着如果旅游目的地的文化理念设计能够更好地体现当地的文化特色，并营造出浓厚的文化环境氛围，那么游客更有可能产生重游的意愿。研究进一步指出，文化理念设计维度对重游意愿的影响较为显著。这表明单一的文化展示已经不足以满足游客的多样化和个性化需求。因此，为了吸引游客继续来访，旅游目的地需要塑造整个城市的文化形象。这不仅包括具有代表性的当地文化特色的标志性建筑，还需要在旅游商品、旅游服务、城市建设等方面注入当地特色文化，以使旅游目的地更具吸引力。总的来说，这些发现为旅游目的地文化营销和发展提供了重要的指导和启示。通过加强对当地文化的展示和体验，旅游目的地可以提升游客的满意度和忠诚度，进而实现可持续发展的目标。

（六）存在问题

结合河南省文化营销的发展现状和上文分析可知，河南省旅游产业文化营销方面的发展还存在较大的提升空间，具体问题表现为以下几点。

1. 文旅产品创意不足，区域资源整合欠缺

河南省有着得天独厚的旅游资源优势，历史文物古迹众多，“河洛文化”“汴梁文化”“殷商文化”等底蕴深厚。这些文化符号不仅是中华民族历史的重要组成部分，也是河南旅游业发展的独特优势。然而，目前的文化旅游产品主要以文字材料、图片、实物展示等展现方式为主，游览体验也主要停留在浅层次的观光游览，旅游产品结构相对单一，缺乏深度挖掘和游客参与体验项目的开发。尽管已经开发了一系列专项旅游项目，如寻根游、文化游、生态游、夜游、乡村旅游等，但同质化严重，缺乏足够的吸引力，创意的缺乏使当前的文化旅游产品难以让游客产生情感依赖与价值感知。

另一方面，河南省的文旅产业在发展过程中面临着缺乏全局意识的挑战，这导致了旅游开发过程中出现各自为政、重复建设等问题。这种现象影响了资源的有效利用和旅游项目的整体效益。为了解决这一问题，需要加强跨区域跨部门的协作和沟通，建立起统一的规划和管理机制，确保各个项目之间的协调一致，避免资源的浪费和重复建设，实现文旅产业的协同发展和可持续增长。

2. 营销模式较为传统，营销渠道有待拓展

文化旅游作为消费品，要想提升自身的市场吸引力和影响力，就离不开品牌、包装、营销方面的精心策划和组织实施。然而，目前河南省的旅游品牌知名度不高，虽然推出了“老家河南”等一系列品牌推介活动，但其品牌吸引力仍然存在不足之处，4A 级以上景区接待游客人数远低于全国平均水平，究其原因一方面是营销模式较为单一，宣传力度不够，广播、电视等权威媒体以及微博、微信、抖音、西瓜视频等自媒体宣传使用频率较低，智慧化传播载体和手段不足。除了龙门石窟、少林寺、白马寺、清明上河园等景区得益于文学、影视作品的传播，享誉国内外，其他景区的知名度相对较低。这表明河南需要进一步提升旅游形象传播水平，提高知名度。

另一方面是营销宣传的针对性不强，精准度不足，现有宣传忽略了自己的目标市场和游客，虽投入了大量的营销费用，而宣传信息却难以顺畅地到达目标游客，还未

真正建立起文旅品牌形象。比如小浪底景区，无论是水利工程，还是山水景观本应对旅游者产生强大的吸引力，但旅游接待量平平，由于管理体制尚未理顺，孟津、济源、小浪底各自建设管理局，没有形成合力，导致旅游营销明显滞后。

3. 旅游形象缺乏特色，品牌辨识度有待加强

河南省缺乏对旅游相关企业、旅游产品及品牌大规模、强影响的宣传营销模式，虽然2020年央视中秋晚会在洛阳举办，大大提升了洛阳的知名度，洛阳旅游形象有所提升，但从整体上来看，景区及旅游企业在形象宣传上缺乏统一规划，联合开发、联合促销、市场开拓的力度和深度不够，旅游主题多而不精，散而不统，导致区域旅游整体形象不鲜明，全省全力打造了多个主题旅游形象，但在品牌体系建设、精品景区、经典旅游线路、培育国际化旅游目的地城市和打造国际旅游IP形象等工作方面还不够，缺乏主题鲜明、特色突出的河南旅游形象，与其他旅游发达省份的特色品牌相比，在知名度、辨识度以及综合效益方面还有较大差距，未能形成强大的吸引力，不足以支撑河南整体鲜明的旅游形象建设。

4. 文旅融合效度不足，配套设施不够完善

黄河流域河南段包含历史遗迹、自然景观、民宿风情、现代文化等类型多样的文化旅游资源，河南省在文旅融合的大背景下紧抓机遇，采取了一系列的措施推进文化旅游项目，并取得了一定的发展成效。但文旅产品类型较为单一，旅游产品的创新展示性与生动性欠缺，较多停留在静态的自然观光上面，参与性和互动性不足，文化体验与服务品质有待提升，旅游规划与产品开发未能充分结合“健康中国”“科技强国”“体验经济”等战略背景的时代需求，致使优质的文化资源未能充分转化为游客追捧的旅游产品，未能实现黄河文化和旅游产业的真融合、深融合、实融合和巧融合。另一方面，许多景区的旅游配套设施相对滞后，难以满足游客对于舒适、便捷的需求，影响了旅游体验的品质。因此，需要加强文旅融合的实践，提升文化与旅游资源的整合程度，同时加大对配套设施的改造和建设力度，以提升河南旅游业的发展水平和吸引力。

四、发展对策

我们就河南省旅游文化营销路径研究的题目出发，通过一系列的文献整理、实地调研、问卷发放、数据收集与分析，系统分析了游客感知旅游目的地文化营销、旅游目的地品牌资产对游客重游意愿的影响关系。这一结论对河南旅游品牌资产的提升具有极其重要的意义。经过上述分析，本文从八个方面出发，为河南省旅游文化营销的路径研究提供政策建议。

（一）继续深挖文化内涵，为文化营销奠定基础

由分析可知，河南的文化资源对游客的吸引力要大于自然资源，这也印证了河南文化旅游做得比较成功。河南有着极为深厚的历史文化底蕴，对游客的吸引力也较高，发展潜力也很大，因此，河南应在已有成绩的基础上继续发扬文化优势，深挖景区文化内涵，探索深层别致的人文故事，避免使游客产生审美疲劳，同时做好景区长远规划，以满足现代游客多样个性的文化需求；除此之外，河南城市的整体印象会给游客留下首因效应，历史文化的厚重多靠建筑审美直观呈现，因此，做好宣传标语，明示导向标识，规范城市建筑，办好节庆活动，是河南继续输送文化内涵的重要之路。

（二）加快黄河核心区建设，引领国家黄河战略

黄河被誉为中华民族的母亲河，河洛文化是黄河文明的最核心载体；大运河实现了黄河文明的纵横向传播，丝绸之路中华文明与其他古老文明的交流。因此，河南具有不可替代的枢纽位置，要推动黄河文化走出去，书写和记载了恢宏的黄河文明故事，并在世界文明对话中传播中华文明的声音。鉴于洛阳、郑州在河洛文化、黄河文明及中华文明形成与传播中的枢纽地位，建议对接中华民族伟大复兴、国家“黄河战略”，在洛阳建设黄河文明保护与传承示范区、国家河流文明博物馆，讲好黄河文化故事，推动黄河文化旅游带高质量发展。

（三）完善基础设施建设，打造文化环境氛围

“食、住、行、游、购、娱”是游客出游追求的基本六要素，拥有良好的治安、便利的交通、丰富的小吃、健全的建筑设施等很容易给游客营造轻松、舒适的出游氛围。因此，在小吃方面，打造品牌特色，形成诸如武汉热干面、南翔小笼包等品牌效应，让浆面条、不翻汤、羊肉汤、小街锅贴等特色小吃走向游客心中；在住宿方面，加强细节管理，融入当地“牡丹文化”“古都特色”等元素，使游客体验特色民宿酒店；在交通方面，加快地铁交通及河南高架桥建设进程，完善交通服务；在景区管理方面，

开发特色旅游产品，建设规范化购物商城，开发特色参与项目与文娱活动。

（四）丰富旅游品牌体系，媒体融合传播“老家河南”

文化和旅游领域要更好贯彻习近平总书记在中央政治局集体学习上关于推进媒体融合发展的重要讲话精神，要积极创新旅游营销方式，全力推进旅游融媒体建设，叫响“中华源·老家河南”品牌，让河南旅游形象更出彩。一方面，要构建河南旅游融媒体推广中心，发挥全媒体融合推广作用，加大旅游形象品牌推广；另一方面，要打造“老家河南”系列专题品牌景区、品牌旅游目的地、品牌旅游线路、品牌旅游纪念品等系列品牌旅游产品，如“老家河南·乡风乡情”游、“老家河南·古城古镇”游、“老家河南·绿水青山”游、“老家河南·遗产古迹”游、“老家河南·古街古巷”游、“老家河南·百餐百店”游等，并借力旅游融媒体推广中心，推广立体的、多彩的、充实的“老家河南”品牌。

（五）推进文旅深度融合，树立融合发展河南标杆

深入贯彻习近平总书记关于保护弘扬中华优秀传统文化重要论述精神，积极推进河南文旅深度融合。第一，要充分结合河南文化大省优势和历史文化类景区数量优势，以华夏历史文明传承创新示范区建设为重要抓手，通过文化创意、科技创新和改革开放，在文化演艺、文化创意、文物活化、文化节庆、文化展览和博物馆、文化馆数字化传承等方面大胆创新，形成显著传承创新中原文化的文旅融合独特模式，使河南文旅融合大放异彩，树立全国文旅融合发展河南标杆。第二，推出重点文旅产品，开展文化和旅游消费试点项目，采取多城联动的方式引客入豫。同时积极促进夜间消费的发展，扩大夜购、夜食、夜游、夜展、夜读等的规模，将不同业态融合发展起来，创建多元化的夜经济环境，探索独特的文化和旅游消费模式，为河南省文化和旅游产业发展注入新的活力。第三，搭建文旅智库和人才平台，引导组建河南省旅游学会、各地市旅游学会，促进要素融合与资源整合，并让中原文化有更广泛和深远的影响力，助力提升中国文化软实力。

（六）合理划分市场，打造精品文化旅游路线

河南具有浓郁的文化氛围，也有依山傍水的自然景色，还有老少皆宜的赏花节庆，

因此，来河南人群类型范围较广。在此情况下，针对不同人群合理划分市场，根据不同群体的需要调整旅游线路，突出特色和方向，才能有效配置资源，长久稳住客源。例如来河南人群多为年轻人，文化程度较高，一般的旅游线路很难吸引年轻人，并且直白地讲述历史建筑难免会使游客产生审美疲劳，因此，可挖掘文化背后的趣味故事，以场景再现的形式邀请旅游者体验，这样既增加了趣味性，又令游客学到了知识。

（七）健全旅游公共服务，发挥智慧文化旅游精准营销

旅游公共服务直接影响到游客出游意愿，河南省景区发展不平衡，旅游发展整体水平不高，城市与乡村之间、景区与非景区之间以及景区之间的旅游公共服务差距明显。河南应通过加快补齐旅游公共服务短板，扩大旅游公共服务有效供给，实现旅游公共服务全域全程全体覆盖。第一，加快建设旅游快速通道，引导快速通道向周边景区和乡村旅游点延伸，提高连接特色景观名镇名村、乡村旅游重点村的道路等级。第二，健全交通服务设施旅游服务功能，在机场、火车站、汽车站等客运枢纽和高速公路服务区健全旅游服务功能，传播“老家河南”形象。第三，推进“互联网＋旅游”战略，构建一体化旅游服务信息平台。第四，发挥全域旅游示范效应，结合国家全域旅游示范建设，探索总结全域旅游发展模式，贡献全域旅游河南智慧。

（八）打造博物馆城市集群，深入推进文旅融合

一是推动郑州、洛阳、开封、安阳、南阳、许昌等这些底蕴深厚、资源丰富的城市开展博物馆之都建设，不断完善主题和专题建设，营造博物馆旅游良好环境。二是各市博物馆除向本地居民和到访游客开展宣传教育活动，还可以采取“走出城市”发展战略，获取文化体制机制的改革和支持，让有条件的博物馆走出去开展专题或主题巡展、策展业务，同时通过媒体广泛宣传城市博物馆资源，达到吸引外地游客“走入城市”，实现良性循环效果。三是促进博物馆元素与文创产品深度融合，激发博物馆文创人员的工作热情，激活博物馆文创市场。四是推进博物馆研学旅行发展，做好博物馆研学的认知、资源、监管、方法、评价等系统工作。五是完善博物馆人才体系，不断健全博物馆讲解服务、运营管理、市场营销、策展巡展、产品拍卖等人才系统建设，提供充足人才储备，为博物馆良性发展保驾护航。

调查问卷

旅游目的地文化营销对品牌资产、地方依恋以及游客忠诚度的影响

本调查问卷的目的在于研究游客感知的旅游目的地文化营销对品牌资产、地方依恋、游客忠诚度之间的影响关系。我们将对您所填写的事项保密，并且只用于学术研究，恳请您认真如实地回答所有问题，十分感谢您在百忙之中抽时间来配合我们的问卷调查，谢谢！

（※ 问卷填写：大致需要 10 分钟）

1. 以下是关于您基本信息的问题，请在选项上打“√”或直接填写

1）您来北京 / 首尔的次数?

①1 次　②2 次　③3 次　④4 次

⑤4 次以上

2）最近您和谁一起来的北京 / 首尔?

①家人　②朋友　③同事　④团体旅行

⑤恋人　⑥自己

3）在北京 / 首尔的停留时间?

①当日　②2 天 1 夜　③3 天 2 夜　④4 天 3 夜

⑤4 天以上

4）您去北京 / 首尔的目的是?

①旅游　②公务出差　③探亲　④商务往来

⑤其他（　　）

5）您去北京 / 首尔旅游的方式是?

①自由行　②包价旅游　③其他（　　）

6）您的性别?

①男　②女

7）您的年龄？

①20岁以下　　②20（含）~30岁

③30（含）~40岁　　④40（含）~50岁

⑤50岁及以上

8）您的最高学历？

①高中及以下　　②专科　　③本科　　④硕士

⑤硕士以上

9）您的月平均收入？

中国：①1000元以下　　②1000（含）~3000元

③3000（含）~5000元　　④5000（含）~7000元

⑤7000（含）~9000元　　⑥9000（含）~12000元

⑦12000元及以上

韩国：①100万韩元以下　　②100万（含）~200万韩元

③200万（含）~300万韩元　④300万（含）~400万韩元

⑤400万韩元及以上

10）您的职业？

①公司职员　　②教师　　③行政职员　　④公务员

⑤服务业　　⑥生产技术业　　⑦自营业　　⑧学生

⑨其他（　　）

2. 以下是关于旅游目的地文化营销的相关问项，请在与您想法最一致的地方用"√"标示

旅游目的地文化营销	完全不是	不是	一般	是	非常是
1. 北京 / 首尔在市场营销方面积极活用了文化元素					
2. 北京 / 首尔在广告宣传方面积极活用了文化元素					
3. 北京 / 首尔通过电影或电视剧等方式进行了很多宣传活动					
4. 北京 / 首尔通过丰富多样的文化产品来宣传当地					
5. 北京 / 首尔举办了多样的文化艺术活动					
6. 北京 / 首尔的文化艺术设施（美术馆、剧场等）建设做得很好					

续表

旅游目的地文化营销	完全不是	不是	一般	是	非常是
7. 北京 / 首尔为旅客提供多种文化体验活动（公演、展示会、庆典等）					
8. 北京 / 首尔为了保护有形无形的文化资产，保护和重建工作做得很好					
9. 北京 / 首尔积极支援文化活动					
10. 北京 / 首尔积极支援艺术活动					
11. 北京 / 首尔的商品具有当地的文化特色					
12. 北京 / 首尔的服务具有当地的文化特色					
13. 北京 / 首尔的公共设施及物理环境（城市建设）具有当地的文化特色					
14. 北京 / 首尔的标志性建筑具有当地的文化特色					
15. 旅游产品凸显当地文化形象					
16. 我认为北京 / 首尔的旅游业很好地体现了国家文化形象					
17. 我认为北京 / 首尔在旅游业中积极运用国家文化元素					
18. 我认为北京 / 首尔积极将多样的国家文化产品运用在旅游业中					
19. 我认为北京 / 首尔积极将国家独特的文化产品运用在旅游业中					

3. 以下是关于旅游目的地品牌资产的相关问项，请选择您所认同的选项，并在格内用“√”标示

旅游目的地品牌资产	完全不是	不是	一般	是	非常是
1. 我很了解北京 / 首尔					
2. 北京 / 首尔和其他的观光地非常容易区分					
3. 我很了解作为观光地的北京 / 首尔					
4. 我在考虑观光地的时候会想到北京 / 首尔					
5. 一提到观光地我就会很容易想到北京 / 首尔					
6. 一提到北京 / 首尔，很容易就想到北京 / 首尔的几个特点					
7. 北京 / 首尔是有魅力的观光地					
8. 北京 / 首尔是独特的观光地					
9. 北京 / 首尔拥有多样的观光魅力					
10. 北京 / 首尔具有有趣的观光魅力					

续表

旅游目的地品牌资产	完全不是	不是	一般	是	非常是
11. 与其他观光地相比北京 / 首尔有差别性					
12. 北京 / 首尔的饮食品质优秀					
13. 北京 / 首尔服务员的服务质量高					
14. 北京 / 首尔的人们都很亲切					
15. 北京 / 首尔的观光产品（住宿、交通、消费等）的品质值得信赖					

4. 以下是有关您对北京 / 首尔地方依恋程度的问项，请选择与您感受最接近的选项，并在格内用“√”标示

地方依恋	完全不是	不是	一般	是	非常是
1. 我喜欢北京 / 首尔胜过其他旅游地					
2. 与其他地方相比北京 / 首尔更好					
3. 与其他地方相比北京 / 首尔更能让我满意					
4. 北京 / 首尔对我来说是有意义的地方					
5. 我对北京 / 首尔很恋恋不舍					
6. 可以感受到在其他地方感受不到的东西					
7. 北京 / 首尔成了对我来说特别的地方					
8. 北京 / 首尔很适合我					
9. 北京 / 首尔让我感受到了亲密感					

5. 以下是有关您对北京 / 首尔忠诚度的问项，请您选择与您想法最一致的选项，并在格内用“√”标示

地方依恋	完全不是	不是	一般	是	非常是
1. 如果有机会还会再来北京 / 首尔					
2. 即使会需要很多费用还会再来					
3. 在考虑观光地的时候优先考虑北京 / 首尔					
4. 会向其他人积极介绍北京 / 首尔的优点					
5. 会向其他人推荐去北京 / 首尔旅行					

参考文献

［1］白凯，郭生伟．入境游客情绪体验对忠诚度的影响研究——以西安回坊伊斯兰传统社区为例［J］．旅游学刊，2010，25（12）：71-78.

［2］白银锋．城市文化品牌的营销模式探究［J］．统计与决策，2014（20）：58-60.

［3］［美］保罗 A. 郝比格（Herbig，P. A.），译者：芮建伟，李磊，孙淑芳．跨文化市场营销［M］．北京：机械工业出版社，2000：23-24.

［4］常超．餐饮行业文化营销策略研究［D］．内蒙古财经大学，2015.

［5］晁小景，王庆生．真实性感知、地方依恋与游客忠诚的关系研究——以天津“五大道”为例［J］．企业经济，2021，40（05）：110-120.

［6］陈树文，隋振杰．中国企业文化营销模式探析［J］．商业研究，2004（18）：138-141.

［7］陈瑛．景区旅游形象感知对游客重游意愿的影响研究［D］．湖南师范大学，2015.

［8］程倩．乡村旅游纪念品设计与旅游目的地品牌形象建设研究［J］．农业经济，2020，23（12）：137-139.

［9］董静，李小龙，邱守明．基于游客视角的旅游小镇品牌资产的构成维度及形成路径研究——以丽江大研古镇为例［J］．云南农业大学学报（社会科学版），2018，12（06）：89-95.

［10］杜宗斌，苏勤．社区归属感对乡村旅游地居民社区参与的影响——以浙江安吉为例［J］．旅游科学，2013，27（03）：61-71.

［11］房彦华．啤酒文化营销略论［J］．啤酒科技，2010（10）：9+11.

［12］冯庆，苏托兄，张如．供需视角下旅游目的地品牌个性空间错位模型及驱动因素研究［J］．旅游科学，2023，37（06）：64-82.

［13］冯玉新，李卓．游客心理契约对旅游地品牌资产的影响研究——以河南洛阳老君山风景区为例［J］．旅游研究，2023，15（06）：55-68.

［14］高静，徐长乐，朱元秀．目的地熟悉度对游客满意度评价及忠诚度的影响——以黄山风景区为例［J］．华东经济管理，2013，27（11）：150-154.

［15］高文香．文化营销对旅游地品牌的塑造［J］．重庆与世界（学术版），2013，30（03）：8-11.

［16］宫健．文旅融合背景下城市品牌形象传播研究——以“杭州城市记忆工坊”为例［J］．新媒体研究，2019，5（23）：107-109.

［17］郭英之．基于文化软实力的旅游目的地品牌文化营销［J］．旅游学刊，2013，28（01）：18-20.

［18］郭永锐，陶犁，冯斌．国外旅游目的地品牌研究综述［J］．人文地理，2011，26（03）：147-153.

［19］郭永锐，陶犁．基于旅游者的旅游目的地品牌资产模型研究［J］．旅游研究，2013，5（03）：1-7.

［20］郭媛媛．互联网背景下平遥民宿文化营销策略探析［J］．福建茶叶，2019，41（09）：26.

［21］韩慧林，邹统钎．目的地制度性行为对目的地品牌资产的作用路径研究——来自西北五省旅游业的市场证据［J］．人文地理，2022，37（03）：183-192.

［22］韩慧林．丝绸之路旅游品牌塑造与营销机理探索——以品牌基因为视角［J］．技术经济与管理研究，2020（04）：67-71.

［23］何逸，张泽元，张文静．浅谈武汉城市文化营销的现状与对策［J］．现代营销（下旬刊），2019（02）：89.

［24］胡保玲．组织支持感、零售环境满意度与农村消费者外购意愿——地方依恋的中介作用［J］．中国流通经济，2014，28（03）：109-114.

［25］胡付照．我国食品企业文化营销的创新路径探究［J］．中国酿造，2010（05）：182-185.

［26］黄剑锋，金红燕，陆林，等．旅游本真性对旅游者地方依恋的影响研究——目的地形象和风险感知的作用［J］．旅游学刊，2020，35（12）：38-51.

［27］黄洁．国家级风景名胜区的品牌资产研究［D］．复旦大学，2012.

［28］黄向，保继刚，Wall Geoffrey. 场所依赖（place attachment）：一种游憩行为现象的研究框架［J］．旅游学刊，2006（09）：19-24.

［29］贾衍菊，林德荣．目的地品质对游客满意和游客忠诚的影响——地方依恋的中介作用与性别的调节作用［J］．旅游科学，2017，31（06）：65-78.

［30］姜岩，李彬．谈文化营销［J］．价格月刊，1997（02）：35.

［31］蒋怡斌，张红，张春晖，等．影视旅游者真实性感知、怀旧情感和地方依恋对行为意图的影响——以西安白鹿原影视城为例［J］．浙江大学学报（理学版），2021，48（04）：508-520.

［32］李文明，殷程强，唐文跃，等．观鸟旅游游客地方依恋与亲环境行为：以自然共情与环境教育感知为中介变量［J］．经济地理，2019，39（01）：215-224.

［33］廖四顺，白然．影视作品对旅游目的地品牌资产影响机制研究［J］．商业经济研究，2022（16）：189-192.

［34］刘丽娟，吕兴洋．基于消费者的旅游目的地品牌资产研究——以呼和浩特市为例［J］．干旱区资源与环境，2016，30（10）：204-208.

［35］龙江智，段浩然，张方馨．地方依恋对游客忠诚度的影响研究——基于凤凰古城的实证研究［J］．北京师范大学学报（自然科学版），2020，56（01）：68-77.

［36］卢静怡．迈入体验时代的酒店文化营销［J］．经济论坛，2008（13）：100-102.

［37］芦瑞峰．论文化营销与景区核心竞争力［D］．扬州大学，2009.

［38］陆相林，孙中伟．旅游涉入、满意度、地方依恋作用机制研究：以西柏坡红色游客为例［J］．干旱区资源与环境，2017，31（07）：183-188.

［39］陆一帆，曲颖．国内旅游目的地依恋研究述评［J］．乐山师范学院学报，2020，35（11）：57-64.

［40］吕静彩．云南旅游品牌的文化营销研究［D］．昆明理工大学，2008.

［41］马秋芳，夏媛媛，许文柱．基于游客视角的景区品牌资产模型研究［J］．商业研究，2017（01）：170-176.

［42］聂元昆，周冰倩，杨伯儒．旅游目的地负面信息对品牌资产的影响机制研究［J］.

云南财经大学学报，2022，38（01）：93-110.
[43] 盘劲呈，李海 . 地方依恋与骑行旅游：“动态依附”体验的生成［J］. 体育与科学，2018，39（05）：63-69，76.
[44] 裴天航 . 基于消费者的崇礼滑雪旅游目的地品牌资产模型构建研究［D］. 河北师范大学，2023.
[45] 祁潇潇，赵亮，胡迎春 . 敬畏情绪对旅游者实施环境责任行为的影响：以地方依恋为中介［J］. 旅游学刊，2018，33（11）：110-121.
[46] 钱树伟，苏勤，郑焕友 . 历史街区顾客地方依恋与购物满意度的关系：以苏州观前街为例［J］. 地理科学进展，2010（03）：355-362.
[47] 曲红，陈艳彩 . 文化营销，一种新型的品牌传播模式［J］. 传媒观察，2010（11）：26-27.
[48] 沈鹏熠 . 旅游目的地品牌资产的结构及其形成机理——基于目的地形象视角的实证研究［J］. 经济经纬，2014，31（01）：112-117.
[49] 沈雪瑞，李天元，曲颖 . 名人代言对旅游目的地品牌资产的影响研究——基于代言人可信度的视角［J］. 经济管理，2016，38（04）：138-148.
[50] 苏云，王钦智 . 旅游文化视角下的兰州市营销策略研究［J］. 甘肃科技，2014，30（07）：88-92+5.
[51] 孙立新 . 我国汽车行业文化营销研究［D］. 山东大学，2006.
[52] 谭红日，刘沛林，李伯华 . 基于网络文本分析的大连市旅游目的地形象感知［J］. 经济地理，2021，41（03）：231-239.
[53] 唐文跃 . 地方感研究进展及研究框架［J］. 旅游学刊，2007（11）：70-77.
[54] 田彩云，裴正兵 . 文化遗产地游客感知价值、满意与忠诚的关系研究——基于北京圆明园的实证分析［J］. 干旱区资源与环境，2021，35（02）：203-208.
[55] 田冬炜 . 房地产文化营销的模式及实例分析［J］. 中外企业家，2013（12）：90-91.
[56] 王建民 . 企业文化营销策略研究［D］. 北京交通大学，2008.
[57] 王江哲，王刚，李维维 . 观光旅游者地方依恋、满意度与忠诚度间关系研究［J］. 地域研究与开发，2017，36（05）：115-120+145.
[58] 王坤，黄震方，方叶林，等 . 文化旅游区游客涉入对地方依恋的影响测评［J］.

人文地理，2013，28（03）：135-141.

［59］王鹏飞，宋军同，徐紫嫣．红色旅游品牌塑造与目的地形象感知研究——基于嘉兴南湖景区的网络文本分析［J］．价格理论与实践，2021（07）：133-136.

［60］王思佳，刘英侠．对房地产文化营销的思考［J］．企业家天地（理论版），2010（09）：249.

［61］卫海英，王贵明．品牌资产构成的关键因素及其类型探讨［J］．预测，2003（03）：39-42+30.

［62］魏鸿雁，陶卓民，潘坤友．基于乡村性感知的乡村旅游地游客忠诚度研究——以南京石塘人家为例［J］．农业技术经济，2014（03）：108-116.

［63］吴潘．重游意愿的影响因素研究［D］．陕西师范大学，2017.

［64］吴文智，唐培，何建民．旅游公共服务质量对游客目的地忠诚的影响机制——来自城市目的地上海的经验证据［J］．华东经济管理，2021，35（04）：118-128.

［65］吴言松，张淑萍．文化营销——创建宁夏白酒品牌的新思路［J］．发展，2007（01）：83-84.

［66］谢宝剑，何苏华．对文化营销模式的探讨［J］．经济师，2003（02）：163-164.

［67］胥兴安，王立磊，杨懿．网络负面口碑对旅游目的地品牌资产稀释效应——熟悉度和易感性的调节作用［J］．人文地理，2015，30（05）：126-133.

［68］徐虹，梁燕．旅游目的地品牌资产研究综述：概念、测量及理论框架［J］．旅游论坛，2019，12（05）：83-92.

［69］许春晓，莫莉萍．旅游目的地品牌资产驱动因素模型研究——以凤凰古城为例［J］．旅游学刊，2014，29（07）：77-87.

［70］许宏印，张涛，沈洁．文化营销——国际营销活动新支点［J］．商业研究，1997（03）：26-27.

［71］杨懿，邵华冬，邢楠，等．品牌价值建构的陷阱与突破——基于国内外品牌榜单测评的思考［J］．辽宁大学学报（哲学社会科学版），2017，45（06）：86-92.

［72］易小力，蓝天一，郑春晖．推拉动机对存在原真性和忠诚度的影响实证研究——以福建土楼为例［J］．人文地理，2019，34（02）：143-151.

［73］余明阳．品牌学［M］．合肥：安徽人民出版社，2004：4-22.

［74］余意峰，张春燕，曾菊新，等．民族旅游地旅游者原真性感知、地方依恋与忠诚

度研究——以湖北恩施州为例［J］. 人文地理，2017，32（02）：145-151.
［75］苑炳慧，辜应康 . 基于顾客的旅游目的地品牌资产结构维度——扎根理论的探索性研究［J］. 旅游学刊，2015，30（11）：87-98.
［76］张辉，王诗韵，李思婷 . 旅游目的地品牌至爱：研究进展及展望［J/OL］. 旅游学刊，2024，2：1-24.
［77］张秦，郭英之 . 民族文化村寨旅游涉入、地方依恋与忠诚度的关系机理研究［J］. 泰山学院学报，2022，44（01）：41-51.
［78］张瑛，史凯静，刘建峰 . 基于网络游记的大运河文化遗产游客感知研究［J］. 地域研究与开发，2020，39（04）：79-85.
［79］张正林 . 文化营销简论［D］. 西安建筑科技大学，2005.
［80］赵延君，李倩，黄荣 . 基于文化底蕴挖掘的沧州城市文化营销策略研究［J］. 商场现代化，2015（18）：55-57.
［81］钟诚 . 文化营销研究［D］. 武汉理工大学，2007.
［82］周本存 . 知识经济时代的营销特色［J］. 商业研究，2001（02）：137-139.
［83］周慧玲，许春晓 . 旅游者"场所依恋"形成机制的逻辑思辨［J］. 北京第二外国语学院学报，2009，31（01）：22-26.
［84］周学军，于开红 ."网红城市"地方依恋对游客忠诚度的影响——一个被中介的调节作用模型［J］. 企业经济，2019，38（10）：61-67.
［85］朱峰，王江哲，王刚 . 游客地方依恋、满意度与重游意愿关系研究——求新求异动机的调节作用［J］. 商业研究，2015（10）：180-187.
［86］朱茜 . 目的地形象对旅游者重游意愿的影响研究［D］. 湖南师范大学，2011.
［87］邹统钎，韩全，常东芳 . 基于地格理论的大运河国家文化公园旅游品牌基因研究［J］. 扬州大学学报（人文社会科学版），2022，26（02）：101-113.
［88］邹统钎，黄鑫，韩全，等 . 旅游目的地品牌基因选择的三力模型构建［J］. 人文地理，2021，36（06）：147-156.
［89］邹统钎，邱子仪，张梦雅 . 粤港澳大湾区旅游品牌基因选择研究［J］. 城市观察，2021（05）：32-43.
［90］邹统钎 . 旅游目的地开发与管理［M］. 天津：南开大学出版社，2015.
［91］邹统钎 . 中国旅游景区管理模式研究［M］. 天津：南开大学出版社，2006.

[92] Aaker D A. Managing brand equity [M] . New York：The Free Press，1991.

[93] Aaker D A. Measuring brand equity across products and markets [J] . California Management Review，1996，38（3）：102-120.

[94] Adger W N. Social and ecological resilience：are the related ？ [J] . Progress in Human Geography，2000，24（3）：347-364.

[95] Ailawadi K L，Lehmann D R，Neslin S.A Revenue premium as an outcome measure of brand equity [J] . Journal of Marketing，2003，67（4）：1-17.

[96] Albert C，Michael T E. How corporate reputation，quality，and value influence online loyalty [J] . Journal of Business Research，2010，13：411-454.

[97] Almeida P，Miranda F J，Almeida A E. Importance/value analyses applied to image components of a tourism destination [J] . Tourism & Management Studies，2012，8：65-77.

[98] An Seonhong. The effects of regional agriculture products on the local image and activity on regional economy [D] . Kyunggi University，2017.

[99] An SoYoung，Han JinSoo. A Study on the Effects of Hotel's Culture Marketing Activity to Corporate Brand Image and Intent to Relationship Continuity-Moderating Effects of Philanthropy Cognition on the Corporate Social Responsibility [J] . Korean Journal of Hospitality and Tourism，2014，23（5）：255-273.

[100] Backlund E A.，Williams D R. A quantitative synthesis of place attachment research：Investigating past experience and place attachment [J] . Northeastern Recreation Research Symposium，2003，320-325.

[101] Bae Sangun.A study on the effect of cultural marketing of travel agency and the experience factors of tourist on the customer loyalty [D] . Catholic University，2018.

[102] Baek ManKi. A Study of the Effect of the Food Factoron Tourist's Satisfaction on Destinationand Destination Loyalty in Tourism Industry [D] . KyungHee University，2010.

[103] Baek SeonYeong. The effects of corporate image，brand attitude and purchase intention by culture marketing of cosmetic company [D] . Chung-Ang University，

2016.

［104］Baron R M，Kenny D A. The moderator-mediator variable distinction in social psychological research：Conceptual，strategic，and statistical considerations［J］. Journal of Personality and Social Psychology，1986，51：1173-1182.

［105］Bianchi C，Pike S，Lings S，et al. Investigating attitudes towards three South American destinations in an emerging long haul market using a model of Consumer-Based Brand Equity（CBBE）［J］.Tourism Management，2014，42（7）：215-223.

［106］Biel A L.How brand image drives brand equity［J］. Journal of Advertising Research，1992，32（6）：6-12.

［107］Blain C，Levy S E，Ritchie J R B. Destination branding：insights and practices from destination management organizations［J］. Journal of Travel Research，2005，43（4）：328-338.

［108］Boo S，Busser J，Baloglu S. A model of customer-based brand equity and its application to multiple destinations［J］.Tourism Management，2009，30（2）：219-231.

［109］Bricker K S.，Kerstetter D L. Level of specialization and place attachment：An exploratory study of white water recreationists［J］. Leisure Sciences，2000，22（4）：233-257.

［110］Buhalis B M. Marketing the competitive destination of the future［J］. Tourism Management，2000，21（1）：97-116.

［111］Cai L A. Cooperative branding for rural destinations［J］. Annals of Tourism Research，2002，29（3）：720-742.

［112］Chae Seoil. Social Science Survey Methodology［M］. Korea：hakhyunsa，2005.

［113］Chang IlRye. The influence of the brand equity of local government on the loyalty of tourist［D］. Mokpo NationalUniversity，2010.

［114］Chang JunSu，Lee JaeHong，Ahn KwangHo. The Effect of the Congruence between Brand Personality and Self-Image on Purchase Intention：the Moderating Role of Self-Monitoring and Product Type［J］. The Korean Journal of Advertising，2011，

22（5）：7–23.

[115] Chen C F，Tsai D. How destination image and evaluative factors affect behavioral intentions [J] . Tourism Management，2007，28：1115–1122.

[116] Cheng T M，Wu H C. How do environmental knowledge，environmental sensitivity，and place attachment affect environmentally responsible behavior ? An integrated approach for sustainable island tourism [J] .Journal of Sustainable Tourism，2014，23（4）：557–576.

[117] Chi C G，Qu H. Examining the structural relationships of destination image，tourist satisfaction and destination loyalty：An integrated approach [J] . Tourism Management，2008，29（4）：624–636.

[118] Cho EunMi. A study on the effects of tourist participation on tour destination's brand equity [D] . Keimyung University，2010.

[119] Cho Seung Hyun.The Impacts of Tourist Participation on Brand Equity and Loyalty in Tourism Destination [D] . Gangneung–Wonju National University，2015.

[120] Choi JeongHyo.A study on the relationship between China Qingdao tourism image，perceived value，brand equity，loyalty [D] . Kyunggi University，2017.

[121] Choi JiYoung. Influence of Regional Marketing through Culture on Brand Equity of the Region：An Example of Gamcheon Culture Village [D] . Dong–Eui University，2015.

[122] Chubchuwong M，Speece M W. The people aspect of destination attachment in international tourism [J] . Journal of Travel & Tourism Marketing，2016，33（3）：348–361.

[123] De Chernatony，Leslie，McWilliam G.The strategic implicationgs of clarifying how marketers interpret brand [J] . Journal of Marketing Management，1989，5（2）：153–171.

[124] Gardner B，Sidney J L.The Product and the Brand [J] . Harvard Business Review，1955，33（3–4）：33–39.

[125] Gartner W C，Ruzzier M K. Tourism destination brand equity dimensions：Renewal versus repeat market [J] . Journal of Travel Research，2011，50（5）：471–481.

[126] Gomez，Lopez C，Molina A. A model of tourism destination brand equity：The case of wine tourism destinations in Spain［ J ］. Tourism Management，2015，51：210–222.

[127] Ha Seongji，Kim MYoun . Study on the Design Personality of Tokpoki Brand to enter Chinese Market–Focusing on the cultural differences of consumers between China and South Korea［ J ］. Journal of Korea Design Forum Research，2015，47：385–394.

[128] Han Ingyeong. The effects of culture marketing strategies on customer satisfaction and loyalty in foodservice industry according to brand attitude［ D ］. Kyunggi University，2011.

[129] Han JiHun. A Study on the structural relations among involvement in leisure activities，place attachment，satisfaction and place royalty［ D ］. Kyung Hee University，2011.

[130] Horng J S，Liu C–H，Chou HU，et al. Understanding the impact of culinary brand equity and destination familiarity on travel intentions［ J ］. Tourism Management，2012，33（4）：815–824.

[131] Hwang Yong Cheol，Song YeongSik. The Effects of Cultural Marketing on Jeju City Brand Equity and Tourist Satisfaction［ J ］. Journal of Product Research，2013，31（5）：73–87.

[132] Im H H，Kim S S，Elliot S，et al. Conceptualizing destination brand equity dimensions from a consumerbased brand equity perspective［ J ］.Journal of Travel & Tourism，2012，29（4）：385–403.

[133] Jae SangHo. The influence of mindfulness to place attachment，quality of experience and emotional solidarity in rural tourism villages［ D ］. Kyunggi University，2016.

[134] Jamilena D M F，Pena A I P，Molina M A R. The Effect of Value–Creation on Consumer–Based Destination Brand Equity［ J ］. Journal of Travel Research，2016，56（8）：1–21.

[135] Jang HoChan. The Effects of Volunteer Activities at the Tourist Destination on the Development of Place Attachment and the Revisit Intention As a Tourist［ J ］. Journal of Tourism Sciences，2010，34（3）：29–57.

[136] Jang Byeong Ju，Yoon DaeGyun，Song Seok Ho. The Effect of Brand Value of Boutique Hotel on Brand Image，Brand Attitude，and Brand Loyalty [J]. Korean Journal of Business Administration，2011，24 (2)：817-835.

[137] Jeon JaeNam. A study on the effects of corporate cultural marketing on brand equity and confidence [D]. Konkuk University，2012.

[138] Jeong HuYeon. Effects of Tourist Destination Image and Attachment on Tourist Satisfaction and Loyalty [D]. Kyunggi University，2018.

[139] Jin RyeoNa. A Study on the cultural marketing using heritages：focused on the Qianmen region of Beijing，China [D]. Hongik University，2014.

[140] Joe Deokwon. The effects on corporation's social responsibility and corporation images which awareness of art marketing has ：focused on Crown Haitai art marketing [D]. Chung-Ang University，2012.

[141] Joe SoYeong. Impacts of culture marketing of coffee-specialized shops on the company image & consumer-company identification and brand equity [D]. SungShin Women's University，2010.

[142] Jung Jieun. The Effects of Wedding Fair Exhibition Service Quality Satisfaction on Brand Equity and Behavioral Intention [D]. Sangmyung University，2018.

[143] Jung Jieun. The Effect of Service Quality and Storytelling of Local Arts Festival on Brand Equity and Visitors' Satisfaction：Focus on the Geochang International Theatre Festival Case [J]. Journal of Product Research，2015，33 (1)：123-131.

[144] Kang Hwa.The effects of cultural marketing on tourism brand equity and brand attitude ：focus on Chinese tourist [D]. Kyung Hee University，2017.

[145] Kang NaYeon. A study on Seoul's brand equity for tourism destination [D]. Kyunggi University，2012.

[146] Kang SeokJeong. Effect of the influential factors on brand equity [D]. Kyungnam University，2000.

[147] Kang Sungil，Lee GyeHee，Kim Yongi. Destination Marketing Strategy of Jeju by Market Segmentation：A Focus on the Brand Equity [J]. Journal of Tourism Sciences，2010，34 (5)：93-110.

[148] Keller K L. The Effects of Ingredient Branding Strategies on Host Brand Extendibility [J] . Journal of Marketing，2002，66（1）：73–93.

[149] Keller K L. Branding perspectives on social marketing. Advances in Consumer Research [J] . 1998，25（1）：299–302.

[150] Keller K L. Building customer–based equity：a blueprint for creating strong brands [J] . Journal of Marketing Management，2001：15–19.

[151] Keller K L. Conceptualizing，measuring，and managing consumer–based brand equity [J] . Journal of Marketing，1993，57（1）：1–22.

[152] Kim DongJoon. Effect of Hotel Brand Equity on Perceived Value and Customer's Loyalty [J] . Journal of Food Service Management，2012，15（4）：85–104.

[153] Kim GiHyeon.A study on the effect of convention destination's brand experience on place attachment and loyalty [D] . Kyung Hee University，2014.

[154] Kim HyeJin.Study on the effect of attributes of tourism storytelling for the perception of destination attractiveness，brand equity and brand value [D] . Dong–A University，2010.

[155] Kim HyoungGil，Kim YoonJung. A Study on the City Brand Equity of Formation Process in the Case of Jeju [J] . Logos Management Review，2012，10（4）：29–48.

[156] Kim JaegYun. The Effects of Authenticity and Fit of CSV Activities on Brand Equity，Brand Attitude and Purchase Intention：Moderating Effect of Ethical Consumerism [D] . Jeju National University，2016.

[157] Kim JeongJun，Lim KyungHwan . Effects of local festival's brand equity on brand loyalty：focused on brand attitude mediating effects [J] . Journal of Tourism Management Research，2016，20（5）：259–282.

[158] Kim JeongSu. Cultural Administration Theory ：Theoretical Foundation and Policy Challenges [M] . Korea：Jipmoon，2017.

[159] Kim MinJi. A Study on the Impact of Experience on Tourist–Tourism Brand Relationship and Brand Loyalty ：Focusing on SUWON HWASEONG [D] . Kyung Hee University，2014.

［160］Kim Minju.Cultural marketing in the era of cult［M］. Korea：a window of the future，2005.

［161］Kim NaYeong. Study on company's cultural marketing strategy linked with art［D］. Chung-Ang University，2011.

［162］Kim SangOh . Influence of Place Attachment on Visitors' Perceptions and Attitudes about Establishing Cable Cars in Mudeungsan Provincial Park［J］. Journal of People，Plants，and Environment，2011，14（3）：171-180.

［163］Kim SangRyul，Lee Jeong. Brand Development Strategy［M］. Korea：Bobmunsa，2009 .

［164］Kim SoYoung，Kwon SoonWon，Lee Yeonju.Patterns of Corporate Cultural Marketing in Korea［J］. The Journal of the Korea Contents Association，2009，9（1）：254-269.

［165］Kim YuMi. A study on the revitalisation plans of local culture through the maeul-misul project ：focusing on the case of Gamcheon cultural village in Busan［D］. Chung-Ang University，2013.

［166］Kim，W. G.，Bongran，J. S.，Kim，H. J.Multidimentional customer-based brand equity and its consequences in mid-priced hotels［J］. Journal of Hospitality & Tourism Research，2008，32（2）：235-254.

［167］Kladou S，Kehagias J.Assessing destination brand equity：An integrated approach［J］.Journal of Destination Marketing & Management，2014，3（1）：2-10.

［168］Konecknik，M.，Gartner，W. C. Customer-based brand equity for a destination［J］. Annals of Tourism Research，2007，34（2）：400-421.

［169］Kotler，Gartner. Country as brand，product，and beyond：A place marketing and brand management perspective［J］.Journal of Brand Management，2002，9（4）：249-261.

［170］Kotler，P.，Armstrong，G. Principles of markting［M］. NJ：Pearson Education International，2009.

［171］Kotler. P. H. Marketing Management：Analysis，Planing［M］. New Jersey：Prentice Hall，1997.

[172] Kotsi F，Pike S，Gottlieb U. Consumer-based brand equity（CBBE）in the context of an international stopover destination：Perceptions of Dubai in France and Australia [J] . Tourism Management，2018，69：297-306.

[173] Kwak ChulWoo. The Effect of Tour Business Companie's Culture Marketing to the Corporate Image，Brand Equity and Relationship-Persistence Intentions-Focusing on the Airlines and Travel Agencies [D] . Kyonggi University，2013.

[174] Kwon Jaeil. Structural Relationship of Airline Companies' Cultural Marketing Activities on Corporate Image，Brand Identity and Relationship Quality [D] . Keimyung University，2014.

[175] Kwon JuAn.A Study on Influence of Corporation Image and Purchase Intention by Cultural Marketing Types [D] . Kyunggi University，2013.

[176] Kwon MiJeong.The effects of culture marketing on the brand equity in Gongju area [D] .Pai Chai University，2009.

[177] Kwon SangMi. A study on the attitude and image of festival host region by Customer Bsed Brand Equity（CBBE）[D] . Sejong University，2009.

[178] Lai H K，Pinto P，PintassilGo P. Quality of life and emotional solidarity in residents' attitudes toward tourists：The case of Macao [J] . Journal of Travel Research，2021，60（5）：1123-1139.

[179] Lee BoMi，Oh MunHyang，Kim Ja Hyun. Effects of Communication with Nature and Perception of Benefits on Place Attachment at Jeju Olle [J] . Journal of Tourism Sciences，2013，37（1）：215-235.

[180] Lee BongHoon，Lee Gyu Bong. The Effectiveness of Culture Marketing on the Brand Equity：A Case Study of Renault Samsung Motors [J] . The Journal of Humanities and Social Science，2017，8（6）：681-696.

[181] Lee Chaok，Lee SeongGeun.Promotional essence [D] . Trade Management，2001.

[182] Lee ChungGi.Statistical Analysis of Tourism Survey [M] . Korea：Daewangsa，2016.

[183] Lee DongCheol，Park OkrYeon，Kim JuHui，et al. Culture Marketing in the Global Era [M] . Korea：Bobomunsa，2008.

[184] Lee HuiSeung .Korean dictionary [M] . Korea：Bobomunsa，2015.

[185] Lee Hyein. The Mediating Effect of Brand Equity between Donation Experiences and Donation Intentions Focusing on University Students in Seoul Metropolitan Area [D]. Soongsil University，2016.

[186] Lee HyoJun. The effects of brand familiarity on new product evaluation ：focused on cultural marketing activities [D] .Konkuk University，2012.

[187] Lee JeongMan，Kim Hyung Jin. Consideration of the Culture Marketing to Improve the Competitiveness of Small and Medium Sized Enterprises [J] . Korean ische Zeitschrift fuer Wirtschaft swissen schaften，2011，29（4）：117-135.

[188] Lee JeonGeun. The influence of regional cultural marketing on brand image and intention of reuse [D] . Chung-Ang University，2017.

[189] Lee JeonGeun. The Relationship among communication of destination，brand assests，relationship quality and behavior intention [D] . Dongui University，2011.

[190] Lee JihYeon. Study on the Influences by Cultural Marketing Activities of Family Restaurants on Brand Personality，Brand Trust，Brand attitudes and Brand Loyalty [D] . Kyung Hee University，2014.

[191] Lee JihYun，Lee SooBum. A Study on the Effects of Family Restaurant's Cultural Marketing Activities on Brand Personality，Brand Trust，Brand Attitude and Brand Loyalty [J] . Korean Journal of Hospitality and Tourism，2015，24（3）：1-22.

[192] Lee JiWon.The effects of tourism destination brand equity and place attachment on perceived fit and behavior intention ：focused on Gangwon MICE industry [D] . Hallym University，2017.

[193] Lee JongYeol.The Effect of Brand Authenticity of Tourist Attraction on Brand Attitude and Brand Equity [D] .Sejong University，2017.

[194] Lee SangYeong. Effects of travel agency brand equity on brand loyalty and relation-continuing intention [D] . Cheongju University，2014.

[195] Lee SeongHui. Effects of brand equity on customer value，customer satisfaction，and brand loyalty ：focused on automobile consumer [D] . Konyang University，2016.

[196] Lee SooBum，Shin SungHye. The Influence of Cultural Marketing，as a Corporate

Public Relations, on Corporate Image, Brand Image and Purchase Intention [J] . Advertising Research, 2005, 66: 137-164.

[197] Lee Wan Bok, Chung JinDo. A Study on Cultural Marketing Strategy for the improve of Local Government Image [J] . Humanities Contents, 2009, 15: 29-53.

[198] Lee T D, Sung Y, Gregorio F. Cross-Cultural challenges in product placement [J] . Marketing Intelligence & Planning, 2011, 29 (4): 366-384.

[199] Lewicka M. Place attachment: How far have we come in the last 40 years ? [J] . Journal of Environmental Psychology, 2011, 31 (3): 207-230.

[200] Lim MyeongJae. The Effects of Tourism Event Experience on Tourism Destination Brand Equity : Focused on The Mediation Effects of Attitude [D] . Pai Chai University, 2007.

[201] Liu C-H S, Chou S-F. Tourism strategy development and facilitation of integrative processes among brand equity, marketing and motivation [J] .Tourism Management, 2016, 54: 298-308.

[202] Loureiro S. The role of the rural tourism experience economy in place attachment and behavioral intentions [J] . International Journal of Hospitality Management, 2014, 40 (40): 1-9.

[203] Low S M, Altman I.Place attachment: A conceptual inquiry [J] .Human Behavior & Environment: Advances in Theory & Research, 1992, 12: 1-12.

[204] Lyu JaeSuk. A study on structural relationship between tourism marketing communication and compositional elements of brand euity for tourism destination-focusing on comparative analysis on perceived difference in IMC by tourist [D] . Jeju National University, 2009.

[205] Na Youn Ju. A Study on Effects of Cultural Marketing on Brand Equity and Customer Satisfaction in Incheon International Airport [D] . Korea Aerospace University, 2013.

[206] Natalia L M, Mercedes S.Direct and Indirect Effects of Received Benefits and Place Attachment in Willingness to Pay and Loyalty in Suburban Natural Areas [J] . Journal of Environmental Psychology, 2013, 34 (4): 27-35.

[207] Noh JeongHee, Jang HanByeol.Examining the Structure Relationship between the Perception of Cultural Marketing, Brand Equity and Royalty among Coffeeshop Users [J] . Journal of Tourism Sciences, 2011, 35 (3): 201-223.

[208] Nunnally J C. Psychometric theory. Second Edition [M] . New York: McGraw-Hill, 1978.

[209] Oh JiHyeon. The Influences of Culture Marketing on Brand Attitude and Customer Loyalty-Focusing on Starbucks [D] . Yeungnam University, 2014.

[210] Oh SeungJun. Cultural marketing of department store and effect on preference and return visit intention of customers [D] . Chung-Ang University, 2017.

[211] Oh SuJeong, Kim SangMi, Kim Kyung Bum. Cultural markerting factors effect to tourist's satisfaction and revisit intention [J] . Journal of the Tamna Culture, 2015, 49: 265-294.

[212] Oppermann M. Tourism destination loyalty [J] . Journal of Travel Research, 2000, 39 (1): 78-84.

[213] Park AeGyeong. A plan to invigorate the tourism industry by utilizing emotional and cultural marketing [D] . Korea National Aeronautics University, 2017.

[214] Park ByeongJik. A study on the demilitarized zone's (DMZ) perceived risk and its effect on place attachment for the DMZ through customer based brand equity (CBBE) : targeting foreign tourists to the DMZ [D] . Sejong University, 2014.

[215] Park DeukHee .Exploring an Antecedent Tourism Destination Choice and Some Consequences-A Network Theory Approach [D] . Kyung Hee University, 2015.

[216] Park Deukhui. Exploring an antecedent tourism destination choice : a network theory approach [D] . Kyung Hee University, 2015.

[217] Park EungYeong.The Effect of Authenticity in Cultural Heritage Tourism on Tourist's Satisfaction and Loyalty-Focused on Hahoe Village [D] . Jeju National University, 2013.

[218] Park GangHui. An Effect of the Dimensions of Cultural Marketing on Lovemarks, Brand Loyalty and Switching Intention-A Mediating Effect of Corporate Identity and Corporate Image [D] . Kangwon National University, 2013.

[219] Park GyeongMi.The Influence of Event Visitor's Experiential Value on Emotional Response, Place Attachment and Attitude Toward Host Region [D]. Kyunggi University, 2013.

[220] Park JoungKoo, Kong JaWon. Marketing Strategy for the Audience's Cultural Enjoyment according to Cultural Consumption Tastes & Life-Style Types [J]. Journal of Tourism Sciences, 2006, 30 (6): 11-32.

[221] Park JunBeom, Choi JaeWoo. A Study on the motives of tourists, attachment and royalties in marine tourism: Focusing on the Boryeong-si DaecheonBeach [J]. Journal of Tourism Management Research, 2018, 22 (3): 871-891.

[222] Park JunBeom.The effect of local festival brand equity on performance, local community attachment and local community competitiveness : a comparison of different festival management types [D]. Kyunggi University, 2015.

[223] Park SeoIn.A study on effects of experiences in ecomuseum on place attachment and place loyalty : focused on Bukchon Hanok Village [D]. Hongik University, 2017.

[224] Park SeonghYeon.Developing a scale for measuring of authenticity of brand [D]. Hankuk University of Foreign Studies, 2012.

[225] Park SuMi. The effect of airline culture marketing on corporate image, brand equity, and relation continuing intention [D]. Tongmyong University University, 2017.

[226] Park SunCheon. The Influence of Cultural Tourism Festivals Experience on Destination Brand Equity : Focused on The Mediation Effect of Flow [D].Kyunggi University, 2013.

[227] Park UnSeo. Effects of band equity on behavioral intention in food service franchising businesses [D]. Kyunggi University, 2018.

[228] Pike S, Bianchi C, Kerr G, et al. Consumer-Based Brand Equity for Australia as a Long-haul Tourism Destination in an Emerging Market [J]. International Marketing Review, 2010, 27 (4): 434-449.

[229] Pike S. Destination brand positions of a competitive set of near-home destinations. [J]. Tourism Management, 2009, 30 (6): 857-866.

[230] Ramkissoon H, Smith L D G, Weiler B. Testing the dimensionality of place

attachment and its relationships with place satisfaction and pro-environmental behaviors: A structural equation modeling approach [J] . Tourism Management, 2013, 36 (3): 552-566.

[231] Raymond C M, Brown G, Weber D. The measurement of place attachment: Personal, Community, and Environmental Connections [J] . Journal of Environmental Psychology, 2010, 30 (4): 422-434.

[232] San Martin H, Del Bosque I A R. Exploring the Cognitive–Affective Nature of Destination Image and the Role of Psychological Factors in its Formation [J] . Tourism Management, 2008, 29 (2): 263-277.

[233] Scannell L, Gifford R. Defining place attachment: A tripartite organizing framework [J] .Journal of Environmental Psychology, 2010, 30 (1): 1-10.

[234] Shin Dong Ju. A Study on Brand Equity for a Tourism Destination: Focused on Pyeongchang, the Venue for the 2018 Winter Olympics [J] . Journal of Tourism Sciences, 2013, 37 (9): 91-110.

[235] Shin HuiJong. An effect that the cultural marketing of automaker has on customer loyalty and purchase intention [D] . Chung-Ang University, 2014.

[236] Shin HyeonSik, Kim ChangSoo. The storytelling effectiveness on visitors' place attachment and behavioral intention on local festivals [J] . Journal of Tourism Sciences, 2011, 35 (5): 277-298.

[237] Shin JaeIk, Chung KiHan, Hwang InHo. A study on the Relationship among Consumer-Brand Relationship Quality, Repurchase Intention, and Word of Mouth in B2C e-Business [J] .Korean Corporation Management Review, 2006, 13 (2): 191-207.

[238] Shin SeongYong.The strategy of Tourism Marketing mix elements on Brand Equity in Busan regional brand [D] . Yeongsan University, 2012.

[239] Shin SeungSu, Lee JungGyo . A Study on Corporate Identity in Space Direction of Applying Culture Marketing Type Element 5S-Focus on Lobby Space of Office Building [J] . Journal of Korea Intitute of Spatial Design, 2013, 8 (4): 113-124.

［240］Shin SeungSu. A Study on the lobby of office building in space direction of applying culture marketing type elements 5S［D］.Hongik University，2014.

［241］Shumaker S A，Taylor R B. Toward a clarification of people-place relationships：A model of attachment to place. In N.R. Feimer，& E.S. Geller，Environmental Psychology：Directions and Perspectives［M］. New York：Praeger，1983：219-256.

［242］Sim SangMin. The Rise and Success Strategy of Cultural Marketing［R］.Korea：Samsung Economic Research Institute，2002：372.

［243］So JaeMin.Examining of the relationship among Medical tourism service quality，marketing mix，brand equity，loyalty［D］. Jeonju University，2017.

［244］Tak JaeSeong. The effect of cultural marketing on brand image and corporate image［D］.Kyung Hee University，2016.

［245］Tasci A D A. Testing the cross-brand and cross-market validity of a consumer based brand equity（CBBE）model for destination brands［J］. Tourism Management，2018，65：143-159.

［246］Tom，Grifen. International Marketing Communication，2000：35-38.

［247］Tuan Y F. Topophilia：A Study of Environmental Perception，Attitudes and Values［J］.Journal of Leisure Research，1974，6（4）：323-325.

［248］Vranesevic T，R. Stancec. The effect of the brand on perceived quality of food products［J］. British Food Journal，2003，105（11）：811-825.

［249］Wang DoYeul. A study on the moderating effects of emotional intelligence between cultural marketing and brand equity of hotel companies［J］. Journal of Hospitality and Tourism Studies，2018，20（2）：69-83.

［250］Wen T，Zhang Q F，Li Y Q. Why small tourism enterprises behave responsibly：using job embeddedness and place attachment to predict corporate social responsibility activities［J］.Current Issues in Tourism，2021，24（10）：1435-1450.

［251］Williams D R，Roggenbuck J W. Measuring place attachment：Some preliminary results［C］//Abstracts：1989 Leisure Research Symposium. Arlington：National Recreation and Park Association，1989：32.

[252] Williams D R, Roggenbuck J W. Measuring Place Attachment: Some Preliminary Results [C] .San Antonio TX: NRPA Symposium on Lesiure Research, 1989.

[253] Williams D R, Vaske J J. The Measurement of place attachment: Validity and generalizability of a psychometric approach [J] . Forest Science, 2003, 49 (6): 830-840.

[254] Wilson R T, Till B D. Product placements in movies and on broadway [J] . International Journal of Advertising, 2011, 30 (3): 373-398.

[255] Won YungHui. Cultural Marketing [M] . Korean: Daehak Seorim, 2007.

[256] Yan WenYan, Yoon YooShik, Hua Jiang. The effects of cultural marketing on tourism destination brand equity and brand attitude: Focus on Chinese tourists [J] . International Journal of Tourism and Hospitality Research, 2017, 31 (8): 21-32.

[257] Yang SeungHee. A Study on the Strategic Points of the City Tour Images that Influence on Choice Behavior of Foreign Tourists [D] . Kwandong University, 2010.

[258] Yeon NaMi.A Study on the Perceived Value, the Tourist's Satisfaction and Loyalty for Storytelling of Culture Toursim Destination [D] . Kyung Hee University, 2011.

[259] Yoo B, Donthu N. Developing and validating a multidimensional consumer-based brand equity scale [J] . Journal of Business Research, 2001, 52 (1): 1-14.

[260] Yoo B, Dibthu N, Lee S. An examination of selected marketing mix elements and brand equity [J] . Journal of the Academy of Marketing Secience, 2002, 28 (2): 195-211.

[261] Yoo GyeongNam. The effect of corporate cultural marketing on salesperson's characteristics and brand equity [D] . Sun Chon National University, 2012.

[262] Yoo Se Ran, Ko JaeYoun. The Effects of Perceived Fit on Brand Value Perception and Evaluation of an Extended Brand in Food Service Brand Extension: The Moderating Effects of Brand Salience [J] . Journal of Foodservice Management, 2018, 21 (6): 91-113.

[263] Yoo Seungho.Cultural City: New Paradigm of Regional Development [M] .Korea: yes24, 2008.

[264] Yoon HyeonHui. Influences of brand equity of rural tourism village on place attachment

and pro-enviromental begavior intentions［D］. Kyunggi University，2013.

［265］Yoon YeongHye，Miseong Kim，Hua Jiang，et al. Study on the Cultural Marketing Factors of Tourism Destination in the Era of Convergence：Focusing on the Brand Attitude and Brand Equity Differences by segmented groups［J］.The Korean Society of Science & Art（KSAF），2019，37（2）：205-217.

［266］Youn Hyesin. A study on the spatial characteristics of fashion pop up store based on cultural marketing［D］.Hongik University，2015.

［267］Yuksel A，Yuksel F，Bilim Y. Destination attachment：Effects on customer satisfaction and cognitive，affective and conative loyalty［J］. Tourism Management，2010，31（2）：274-284.

［268］Zavattaro S M，Daspit J J，Adams F G.Assessing managerial methods for evaluating place brand equity：A qualitative investigation［J］.Tourism Management，2015，47：11-21.

［269］Zhang H M，Fu X X，Cai L P A，et al. Destination Image and Tourist Loyalty：A Meta-analysis［J］.Tourism Management，2014，40（1）：213-223.

后　记

在撰写本书的过程中，我深入研究了旅游目的地文化营销对品牌资产、地方依恋以及游客忠诚度的影响，以中韩首都为例进行了深入分析和探讨。通过对相关理论和实证研究的综合分析，我得出了一些重要结论和见解。

首先，我发现旅游目的地文化营销对品牌资产有着重要影响。通过挖掘和宣传目的地的文化特色和历史底蕴，可以提升旅游目的地的品牌价值和知名度，吸引更多游客的关注和选择。同时，有效的文化营销策略还可以增强目的地的竞争优势，提升其在市场上的地位。其次，我观察到旅游目的地文化营销对地方依恋的形成和加强具有重要作用。通过展示目的地丰富的文化传统和独特的地方风情，可以增强游客对目的地的情感认同和归属感，促进地方依恋的形成。这种地方依恋不仅有助于提升游客的游览体验，还能够促进地方社会的发展和稳定。最后，我认为旅游目的地文化营销对游客忠诚度的影响也是不可忽视的。通过持续不断地强调目的地独特的文化魅力和价值，可以增强游客对目的地的信任和忠诚度，使其愿意成为目的地的忠实支持者和回头客。这对于目的地的可持续发展和长期竞争力具有重要意义。

总的来说，本研究为我们更好地理解旅游目的地文化营销的重要性和影响力提供了一些有益的见解。希望这些研究成果能够为相关行业的从业者和决策者提供有益的参考，促进旅游业的健康发展和地方经济的繁荣。

本书能够顺利完成和出版离不开大家的支持和帮助，首先，本书获得洛阳师范学院旅游管理河南省特色骨干学科项目的资金资助出版，感谢我的工作单位在资金上的大力支持。同时本书也是 2023 年河南省社会科学规划专题项目：推进“行走河南 · 读懂中国”品牌塑造研究（2023ZT044）、2023 年河南省科技厅软科学:《文旅文创融合战略下“行走河南·读懂中国”品牌塑造路径研究》(232400410405)和 2023 年河南省教育厅高校人文社会科学研究项目:《河南黄河文化旅游品牌资产建构与提升路径研究》(2023-ZZJH-034)的重要研究成果。

在本书的写作过程中，我要感谢所有参考文献中的国内外专家和学者，他们的研究成果为本书提供了丰富的理论支持和参考资料。也特别感谢中国旅游出版社的大力协助。编校人员不仅在语言文字上进行了精细的打磨和修饰，还在内容结构、逻辑表达等方面提出了许多宝贵的建议和意见。他们的辛勤工作和专业精神为本书的质量提升和读者阅读体验增添了许多亮点。在此，我向编校人员致以诚挚的感谢和崇高的敬意，感谢他们在本书出版过程中的辛勤付出和无私支持。

由于作者的局限性，本书的研究还存在很多问题和不足，敬请各位专家和读者不吝赐教，提出宝贵的建议，以便我们的研究可以继续深入。在此，对你们的支持和帮助表示诚挚的谢意!

责任编辑：张　旭
责任印制：钱　宬
封面设计：中文天地

图书在版编目（CIP）数据

旅游目的地文化营销对品牌资产、地方依恋以及游客忠诚度的影响 / 陈艳艳著. -- 北京 : 中国旅游出版社, 2024.4

ISBN 978-7-5032-7307-0

Ⅰ. ①旅… Ⅱ. ①陈… Ⅲ. ①旅游地－旅游文化－市场营销学－研究－中国 Ⅳ. ①F592.6

中国国家版本馆CIP数据核字（2024）第074523号

书　　名：旅游目的地文化营销对品牌资产、地方依恋以及游客忠诚度的影响

作　　者：陈艳艳　著
出版发行：中国旅游出版社
（北京静安东里6号　邮编：100028）
http://www.cttp.net.cn　E-mail:cttp@mct.gov.cn
营销中心电话：010-57377103，010-57377106
读者服务部电话：010-57377107
排　　版：北京旅教文化传播有限公司
经　　销：全国各地新华书店
印　　刷：三河市灵山芝兰印刷有限公司
版　　次：2024年4月第1版　2024年4月第1次印刷
开　　本：787毫米×1092毫米　1/16
印　　张：12.5
字　　数：200千
定　　价：68.00元
ISBN　978-7-5032-7307-0